哲学者と象牙の塔

「この塔には、どんな人たちが住んでいるのでしょう?」

「変わった人ばかりです。あまり深く関わらない方がいい」

目次

デカルト　デモクリトス　スピノザ　プラトン　ベンサム　西田幾多郎

訪問者1　訪問者2　訪問者3　訪問者4　訪問者5　訪問者6

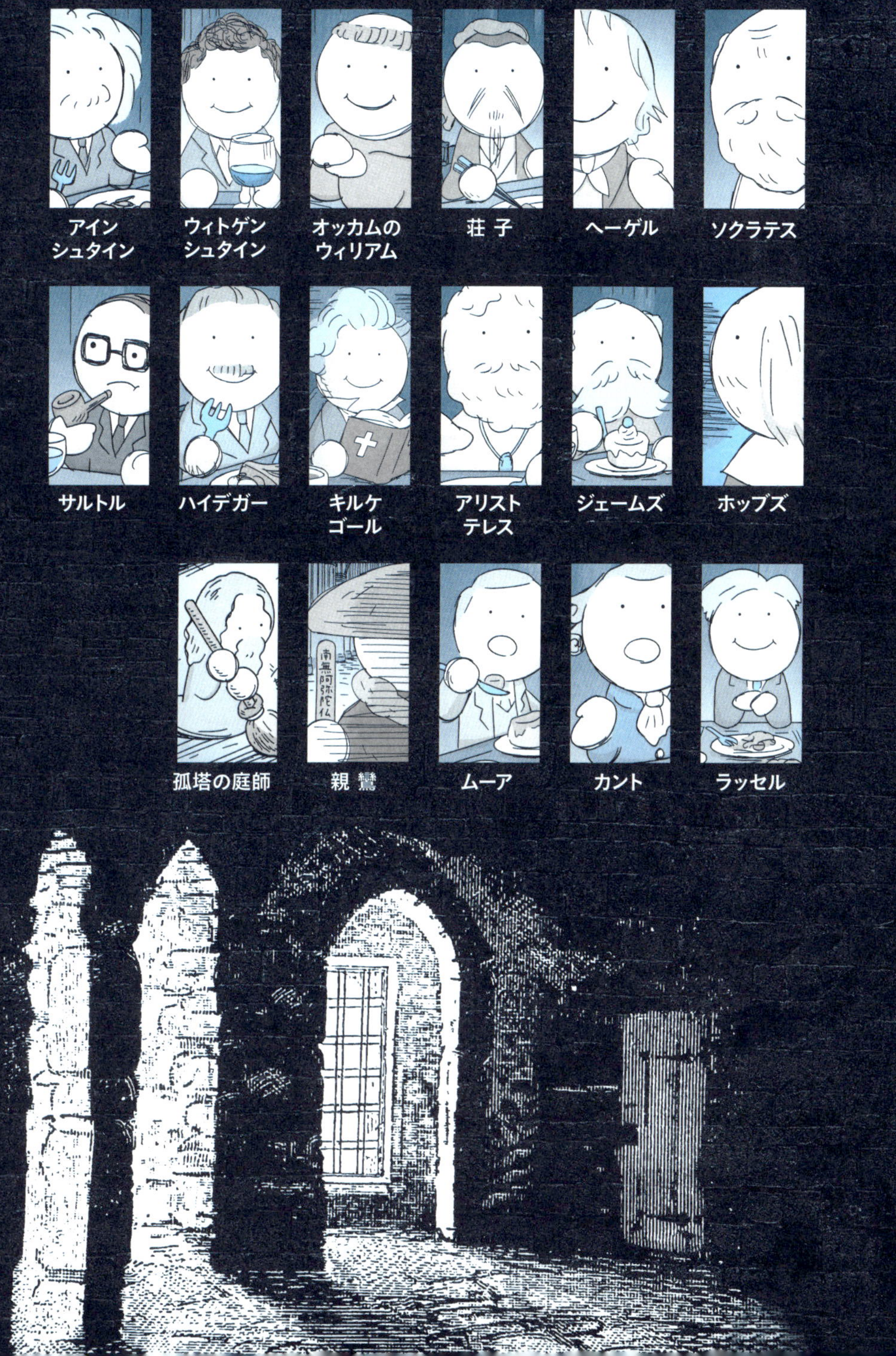

アイン
シュタイン
ウィトゲン
シュタイン
オッカムの
ウィリアム
荘 子
ヘーゲル
ソクラテス
サルトル
ハイデガー
キルケ
ゴール
アリスト
テレス
ジェームズ
ホッブズ
孤塔の庭師
親 鸞
ムーア
カント
ラッセル

象牙の塔

芸術を至上のものとして現実から逃避する孤高の立場・境地。
また、現実を踏まえない学究生活や研究室。（大辞林より）

dysan
dysan
困りましたね！
君の考えた椅子になる掃除機
ぜんぜん売れてないそうです！
▷▷▷CEO
申し訳ありません…
我がダイサン社の掃除機シェア第一位の座が危うくなってますよ！
掃除機は置き場所に困るという意見が多いので
もう置き場所に困らない！
掃除機チェア
使わないときはおしゃれな椅子として！
吸引力はそのまま!!
商品化に踏み切ってしまいました
ですが見てください
ピッ
次のこのアイデア！

ペット型卓上用ロボット掃除機ルンパくんです
卓上用ロボット掃除機
ルンパくん！
ルンパ
机の上でルンパを飼おう！消しゴムのカスはもうありません！
これで椅子型掃除機の赤字をいっきに解消できるかと
卓上ロボット掃除機は他社がすでに失敗してるんだよなぁ
そういうんじゃなくてアプリの案とかないのかな
▷▷▷CEO
で　ではドローン搭載のルンパはどうでしょう
これならテーブルの上や棚の上はもちろん1台で2階の掃除も可能です
ピッ
空飛ぶルンパがついに登場！
名付けてドロンパです！

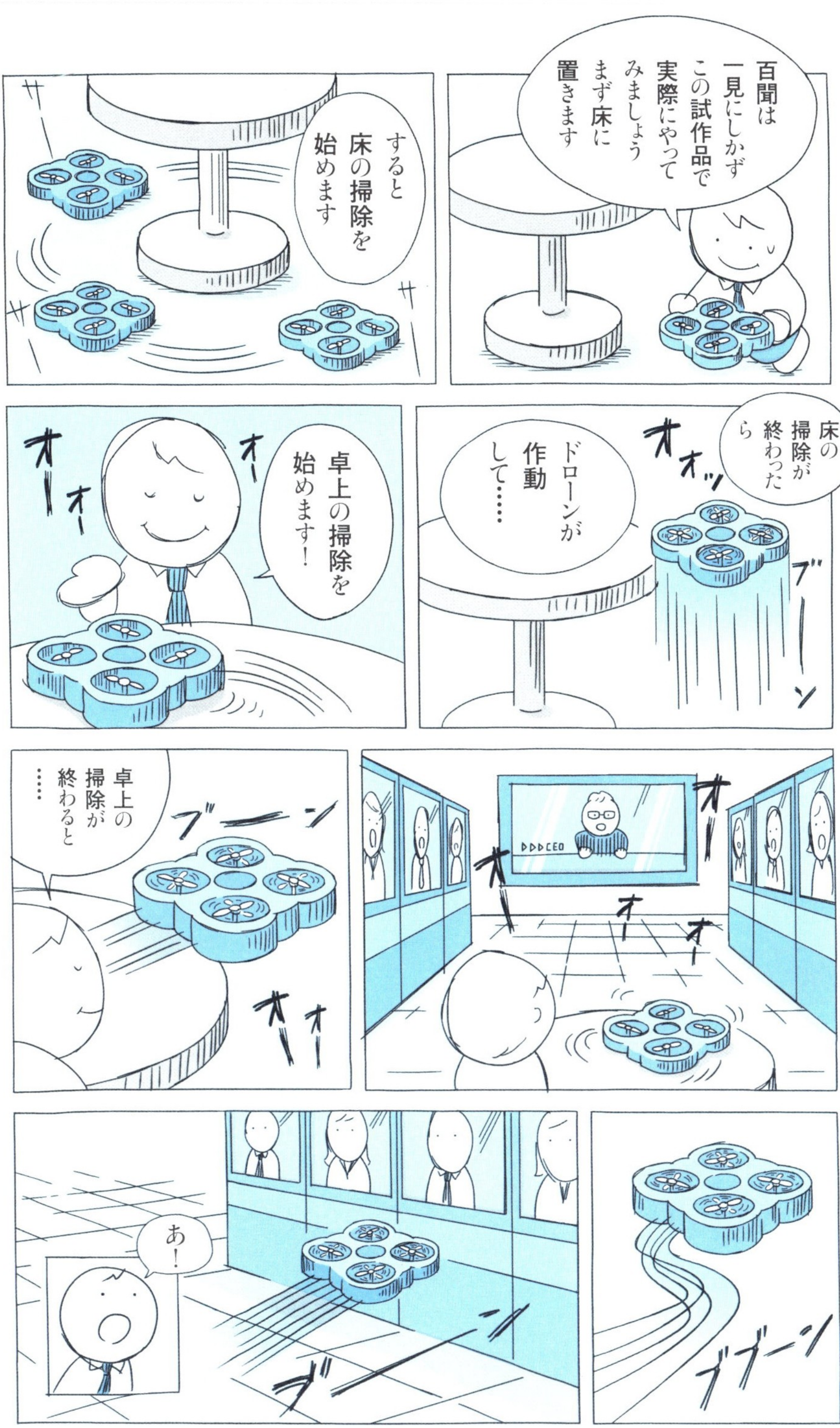
百聞は一見にしかず
この試作品で実際にやってみましょう
まず床に置きます
すると床の掃除を始めます
サー
床の掃除が終わったら
ドローンが作動して……
オオッ
ブーン
卓上の掃除を始めます！
オー
オー
オー
オー
卓上の掃除が終わると……
ブーーン
オー
オー
ブブーン
あ！
ブーン

ブーン
ガチンッ
ブーン
ガチッ
ワワワ
ワワワ
えっ！なになになにっ！
Oh! NO!
ガチャン
▷CEO
ザー
ビビビ
ザー
あ〜っ！

※ヘーゲルの著書『法の哲学』にある言葉。ミネルバとはローマ神話に登場する知識の女神のこと。フクロウは、人々が忙しく活動する昼間ではなく、一息ついた夕暮れから活動を開始する。この性質をヘーゲルは哲学の性質にたとえた。

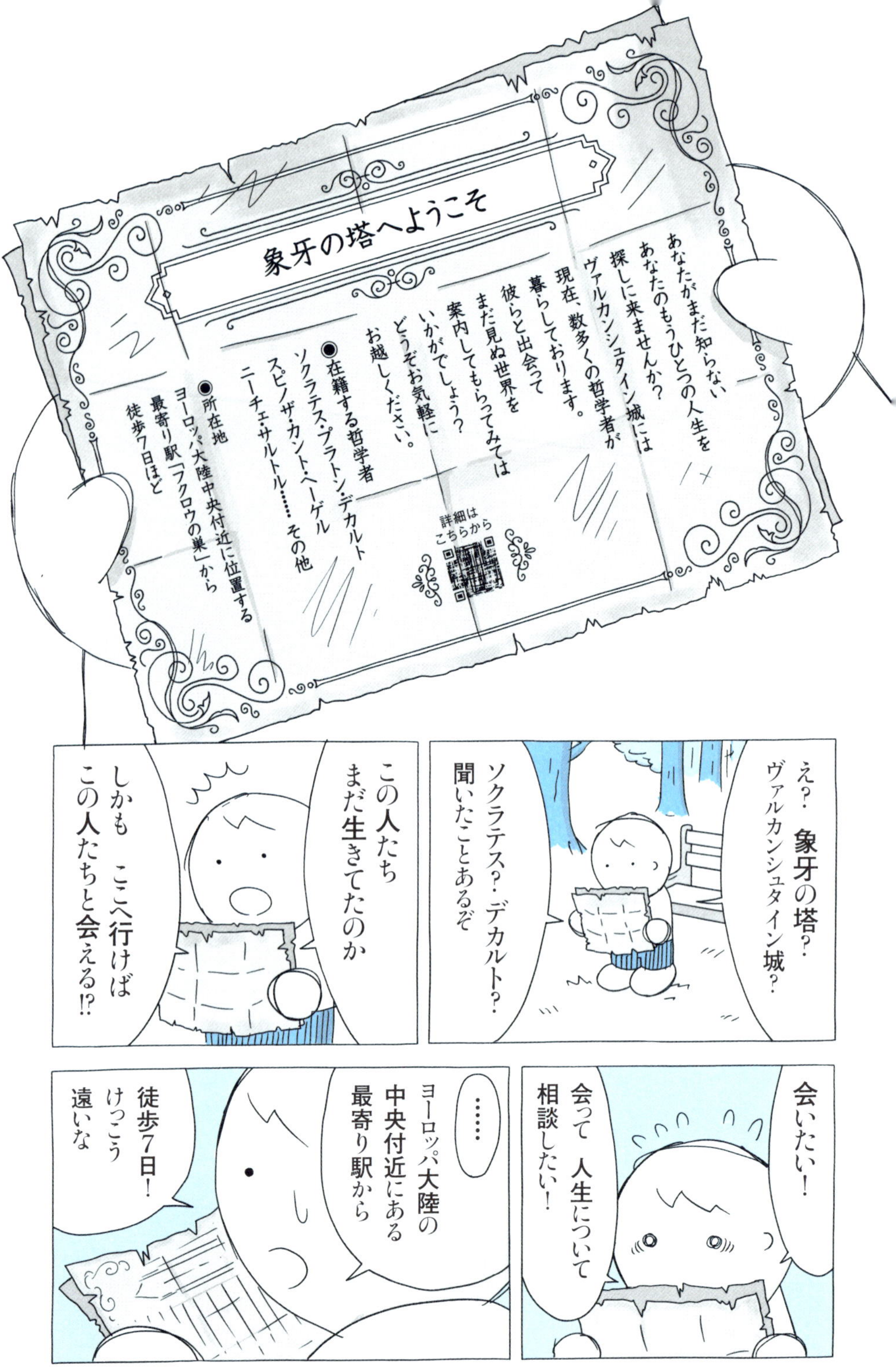
象牙の塔へようこそ
あなたがまだ知らない
あなたのもうひとつの人生を
探しに来ませんか？
ヴァルカンシュタイン城には
現在、数多くの哲学者が
暮らしております。
彼らと出会って
まだ見ぬ世界を
案内してもらってみては
いかがでしょう？
どうぞお気軽に
お越しください。
●在籍する哲学者
ソクラテス・プラトン・デカルト
スピノザ・カント・ヘーゲル
ニーチェ・サルトル……その他
●所在地
ヨーロッパ大陸中央付近に位置する
最寄り駅「フクロウの巣」から
徒歩7日ほど
詳細は
こちらから
え？ 象牙の塔？ ヴァルカンシュタイン城？
ソクラテス？ デカルト？ 聞いたことあるぞ
この人たち まだ生きてたのか
しかも ここへ行けば この人たちと会える!?
会いたい！
会って 人生について 相談したい！
……
ヨーロッパ大陸の 中央付近にある 最寄り駅から
徒歩7日！
けっこう 遠いな

カサ
FALLS
MOUNTAIN
IVORY TOWER
LAKE
FOREST
OCEAN
RIVER
これが地図か
トレインチケット エアーチケットは こちらから ダウンロード
交通チケットはついてるのか でも時間かかるし 不便そうなとこだな
うーん
……
よし
行こう
行って何かとてつもない世界を
見せてもらうんだ！

OWL'S NEST
あそこだ…

哲学者と象牙の塔
THE IVORY TOWER

第1章
バラ色の人生
デカルトと名乗る人物
と
二元論

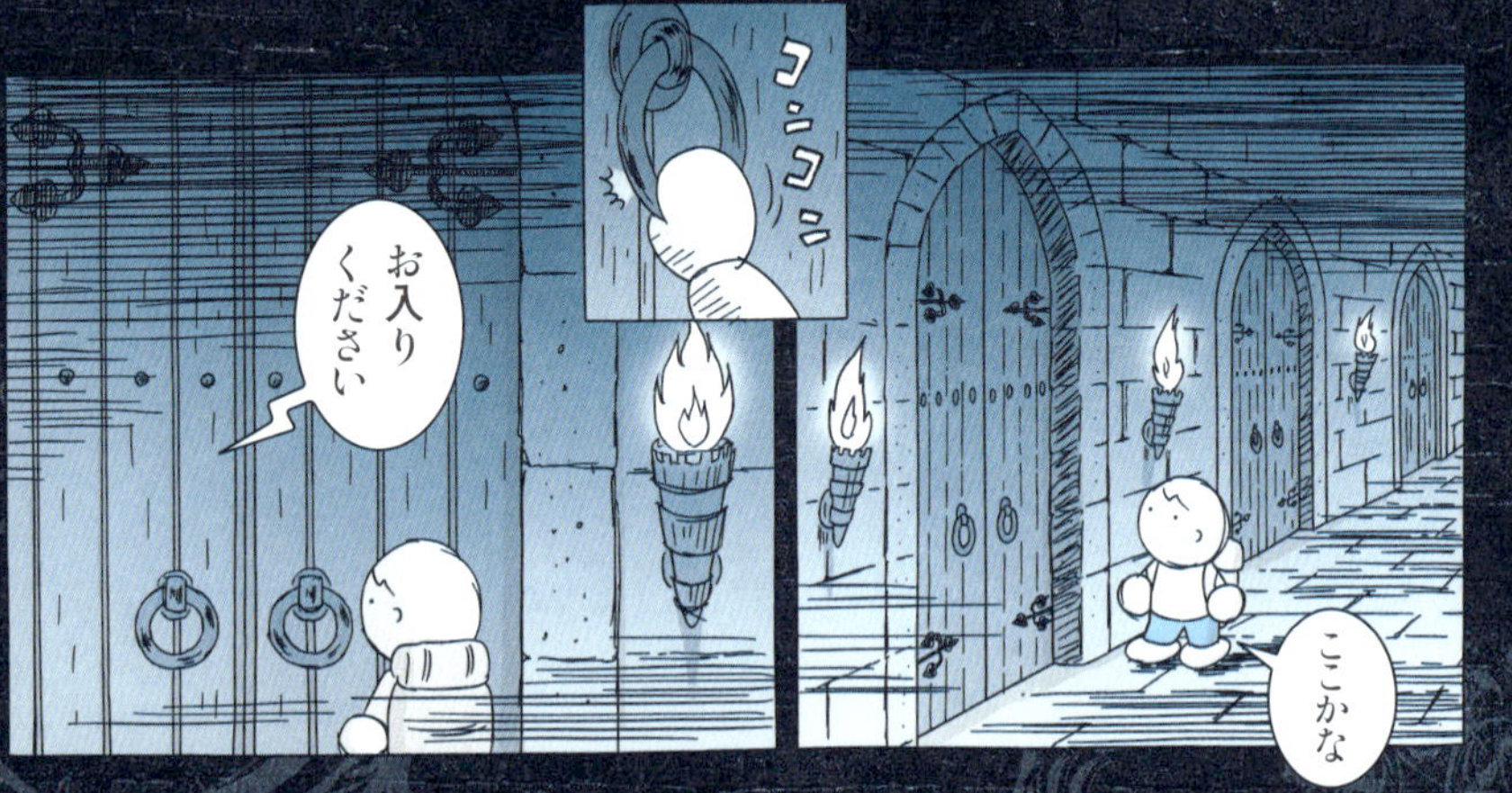

ルネ・デカルト
1596〜1650
フランス出身の哲学者、数学者。
真理の探求を信仰ではなく、理性に求め、
「近代哲学の父」と呼ばれる。
イエズス会のラ・フレーシュ学院を卒業後、軍隊に志願する。
除隊後は、習慣や考え方の違いを学ぶためヨーロッパ各地を旅した。
33歳でオランダに定住してからは、研究に没頭する。
自我の確実性（「我思う、ゆえに我あり」）を発見し、
世界を精神と物体に分ける二元論を展開した。
1649年、スウェーデン女王に招かれ、
ストックホルムに移住したが、翌年この地で病没。

失礼しま～す
バッ
こんな遠いところまで
ようこそおいでくださいました
私の名前はルネ・デカルトと申します
デカルト
デカルト!
すごい!
ほんと 来たかいがありました! ご相談させていただきたいことがあってやって参りました!
いや～デカルト様なら
大抵のことは解決していただけそうです!
あまりプレッシャーをかけないでください 相談というのは?
カチャ
ほかの人にはこんな相談しないのですが… 答えられるわけがないですからね
でも 今回のお相手はデカルト様ときました

直球でいきます！
私が聞きたいことは
幸せになるにはどうしたらいいか？です！
ああ　その手の相談ですか
それなら簡単です
簡単…ああやっぱり来てよかった
どうぞこちらへ
LATHE BIOSAS EPIKOUROS
もっと難しい問いを投げかけてくるのではないかと少々身構えましたよ
例えば今　この状況が夢でないことを証明してほしいとか…
暗いので気をつけてください　前ばかり見ていると　足元がおろそかになります

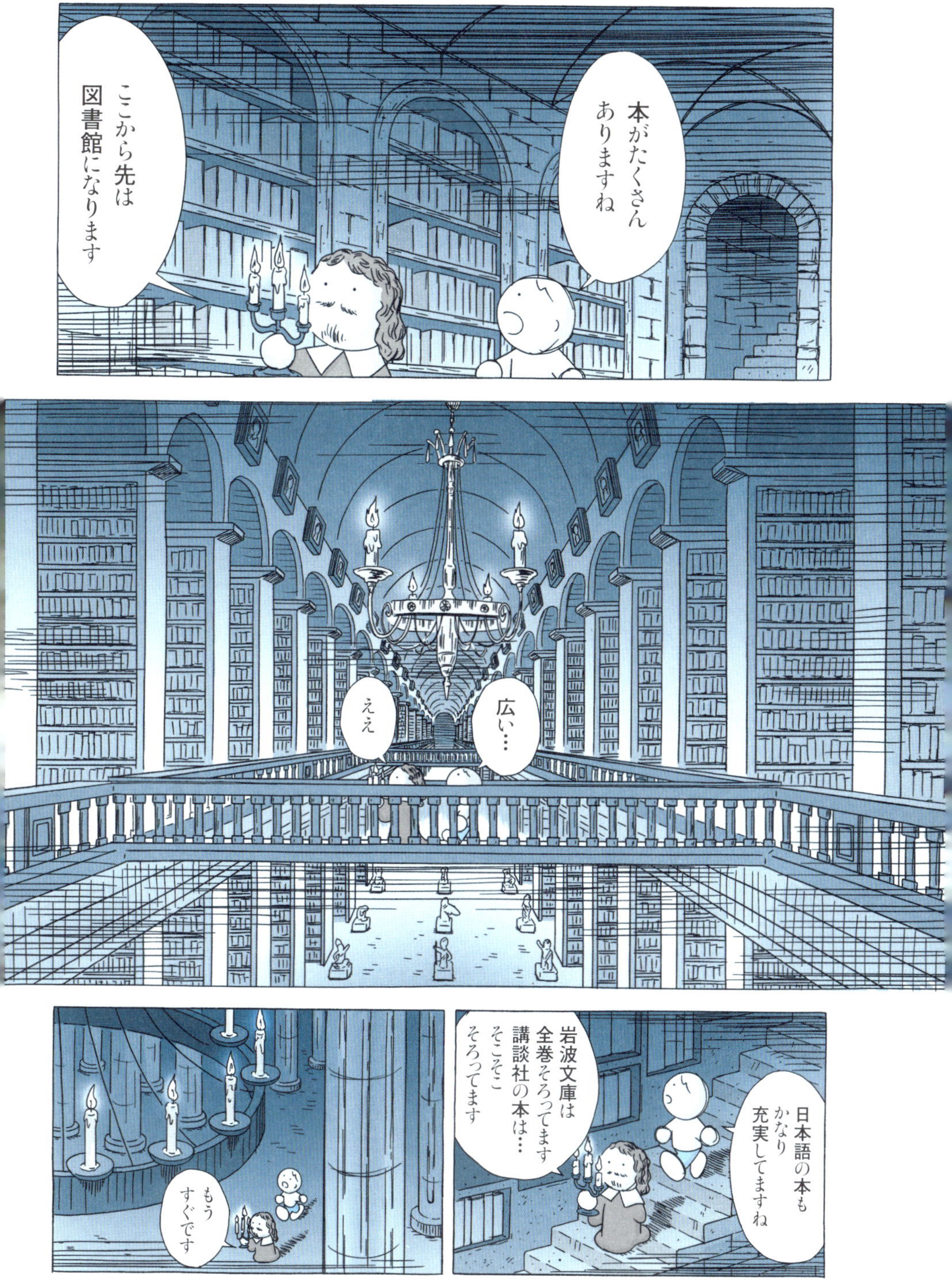
本がたくさんありますね
ここから先は図書館になります
広い…
ええ
日本語の本もかなり充実してますね
岩波文庫は全巻そろってます
講談社の本は…そこそこそろってます
もうすぐです

あの奥です
こ…

訪問者　これは……。

デカルト　これは経験機械[※01]という装置です。

訪問者　経験？

デカルト　はい。アメリカの哲学者、ロバート・ノージック[※02]という人物の構想をもとに開発した機械です。このタンクに入れば、あなたが望むような一生をバーチャルの世界で送ることができます。

訪問者　バーチャル？　いえ、私はメタバース[※03]で幸せになりたいのではなく、現実の世界で幸せになりたいのです。

デカルト　メタバース？　この機械はそのような次元の代物ではありません。この機械は、VRゴーグル[※04]を着けてネットの中に存在する仮想空間に入ってみたり、ARゴーグル[※05]で現実の見え方を盛ったりするのとはぜんぜん違う。経験機械はあなたの脳に直接作用します。

訪問者　と、言いますと？

デカルト　このタンクに一度入れば、あなたは自分が機械の中だという事実に気づ

01＊経験機械
アメリカの哲学者ロバート・ノージック（※02）が著書『アナーキー・国家・ユートピア』の中で考案した**思考実験**。デカルトの**方法的懐疑**（※08）の現代バージョンと言える。

02＊ロバート・ノージック
1938〜2002
アメリカの哲学者。ハーバード大学哲学教授。**リバタリアニズム**（他者の自由を侵害しない限り、各人のすべての自由を尊重する主義）を確立した哲学者として有名。個人の自由が守られる限り、国家の役割を最小にすべきとした。ジュリアン・アサンジ（WikiLeaks）、ピーター・ティール（PayPal）、イーロン・マスク（Tesla）、サム・アルトマン（OpenAI）といった面々もリバタリアニズムの立場を取っている。

中に入れば、自分がタンクの中だとは気づくことはありません。

訪問者　途中で現実の世界に戻ることはできるのでしょうか？

デカルト　一度、中に入った方が、現実に戻りたいと申し出た例は一例もありません。2年経って、プログラム変更のために出てこられた方は「一刻も早くタンクに戻してほしい。プログラムの変更も必要ない」と、みなさんこうおっしゃいます。

訪問者　やっぱりそうですか。

デカルト　あなたは素晴らしい夢から覚めたとき、心底がっかりしたことはありませんか？　夢でなかったらどんなによかったのにと。ここに入れば、夢と現実が完全に逆転するのです。※08

訪問者　なんとなく、この機械に入ってしまったら、私が私ではなくなってしまうような気がするのですが。

デカルト　あなたがあなたではなくなる？

訪問者　はい。なんとなく。

デカルト　ひとつ聞いてもよろしいでしょうか？

訪問者　もちろんです。

デカルト　あなたにとって「自分」とは何を指しますか？　あなたとは、あなたの

07＊AI
Artificial Intelligenceの略称で、人工知能と訳される。

08＊方法的懐疑
デカルトは、自分の哲学の出発点として、まず「この世は夢かもしれない」と意図的に疑ってみることにした（**方法的懐疑**）。すると、目の前にある物や、自分の身体が本当に存在しているのか疑わしくなった。しかし「夢かもしれない」と疑っている自分の意識の存在だけは疑いようがないことを発見した（「夢かもしれない」と疑っている自分を疑ったところで、疑っている自分の意識は最後まで残る）。こうしてデカルトは、自分の意識は確かに存在していると確信し、その意識が認識する物や身体も確かに存在すると結論づけた。ここからデカルトは、世界

その手足のことでしょうか？　あなたとは、あなたのその髪のこと？　それともあなたのその瞳のことでしょうか？

訪問者　え～とですね。それらがすべて集まったものが私（自分）です。

デカルト　それなら、例えば事故で足を失うことになれば、あなたは、あなたではなくなるのですか？　髪を切れば、視力を失えば、あなたは、あなたではなくなりますか？

訪問者　いいえ、そうなっても私は私です。

デカルト　では「それらがすべて集まったもの」があなたではありませんね。

訪問者　う～ん。確かに。

デカルト　なら、何をもって「あなた」ですか？

訪問者　何をもって「私」なんだろう。ちょっと考えさせてください。

デカルト　どうぞ。

訪問者　え～と。髪がなくなっても私、手足がなくなっても私。眼が見えなくなっても、耳が聞こえなくなっても私。つまり身体を失っても私は私なわけか。だとすると、「コレがなくなったら自分じゃなくなる」というコレは何なんだ……？

を精神（心＝意識）と物体（身体や物）に分けて考える**心身二元論**（※14）を展開した。

訪問者　ふむふむ……。なるほど。もし、何かを考えている自分の意識がなくなったら、私は存在できない。そうか。つまり「私」とは「私の意識」のことです！

デカルト　「私とは、私の身体のことではなく、私の意識のこと」[※09]。それはわたくし、デカルトの考えと全く同じです。ならばこのタンクに入るのを躊躇《ちゅうちょ》することはない。この機械の中では、「あなたの意識」がめくるめく快楽を経験するわけですから。

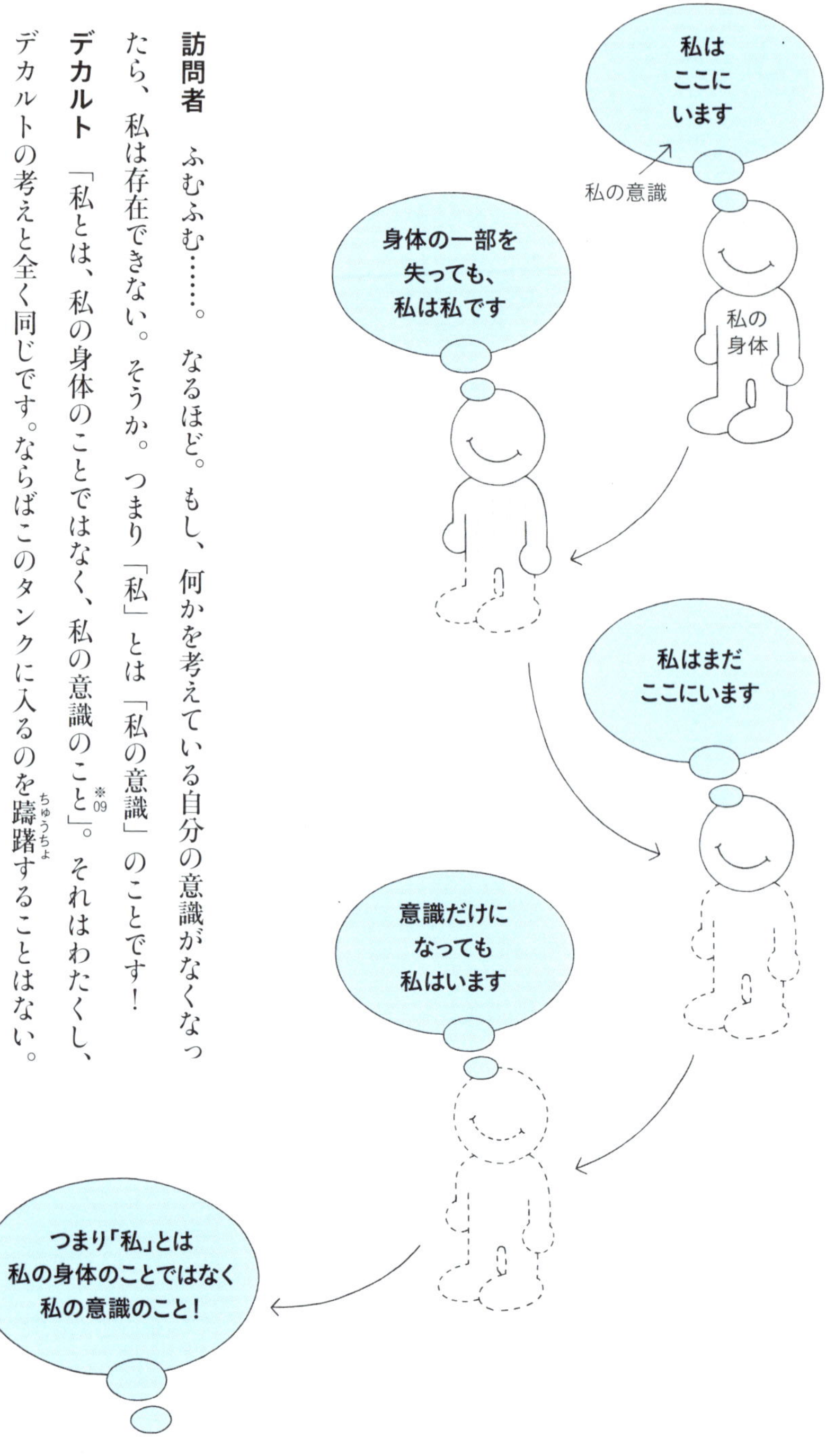

中に入ったところで、あなたがあなたでなくなることなどありません。

訪問者　それはそうなのかもしれませんが……。

デカルト　まだ何か？

訪問者　人生にはトラブルに立ち向かったり、辛い経験を乗り越えたりすることも大切なのではないでしょうか？

デカルト　そうくると思いました。もちろん「幸福」にとってある程度の困難は大切です。努力したり、悲しみを乗り越えて手に入れた幸福は、簡単に手に入れた幸福よりもはるかに大きいですからね。ですからプログラムには、多少の困難も取り入れます。ただしここでの困難は効率よく最低限に抑えられている。現実の困難に比べれば取るに足らないものです。

訪問者　さすが、抜かりないですね。

デカルト　はい。このタンクに入れば、幸福と快楽という目的に関与しない無駄な経験はしなくてすむ。[※10] 映画に例えると、盛り上がるシーンとそれに直接関連するシーンだけを観て、後は観なくていいわけです。単なる風景描写、ロングショット、たわいもない会話のシーンなどはスキップできる。あなたが家で映画を観るときによくやることですよ。

09＊**我思う、ゆえに我あり**
デカルトは、意識（＝精神）と身体（＝物質）は全く別のものだと考えた（**心身二元論**）。そのうえで、デカルトにとって「私」とは私の身体のことではなく、私の意識のことを指す。いわく「我思う、ゆえに我あり」。

10＊**快楽原則**
人間の心理は、不快を避け、快を求めようとする傾向に支配されているとすることを**快楽原則**という。ドイツの心理学者グスタフ・フェヒナーが確立し、オーストリアの精神科医ジークムント・フロイトが自身の学説の中心に据えた概念。

訪問者　でも、それを自分の人生でやってしまうのには抵抗が……。

デカルト　余計なシーンをスキップすれば、限られた一生の中に、より多く、あなたが望むシーンを詰め込める。時間対効果《タイパ》は最大です。

訪問者　でも、スキップとか倍速で観る映画は、本当に観たい映画ではなく、話題に乗り遅れないために、半ば義務的に観る映画です。本当に味わいたい映画は、映画館で観たりするし、スキップはしません。

デカルト　だから何でしょう。

訪問者　だからスキップの人生は、本当に送りたい人生ではない。ということなのではないでしょうか。

デカルト　あなたは、幸福な人生を送りたいとおっしゃいました。

訪問者　スキップしながら観た映画って、心に残っていない気がします。

デカルト　心に残らなければいけませんか?

訪問者　自分の経験も心に残らないということです。

デカルト　このタンクに入れれば、次から次へと訪れる快楽を消費するのに精一杯。あなたは最後の最後まで、快楽の絶頂にいる。自分の人生を振り返る余裕などありません。[※11] そう、遠い昔、誰かと歩いた木漏れ日の並木道や、夕日に染まった近所の

11＊快楽計算
功利主義（5章※13）の提唱者であるイギリスの哲学者ジェレミ・ベンサム（5章※扉）は、主観的（質的）な「幸福」という言葉を、量的な「快楽」という言葉に置き換えて、客観的に考察した。

商店街など、追憶する時間はない。それだけこの機械は素晴らしいということです。

訪問者　この機械のスゴさはわかるんですが……。

デカルト　あまり、納得されていないご様子ですね。

訪問者　快楽に慣れきって、麻痺《まひ》することはないのでしょうか？

デカルト　心配ご無用。この機械は、快楽に飽きてしまうことがないようにできています。人の欲望は通常「贅沢がしたい」「モテたい」「恋人や家族が欲しい」といったものから始まります。そしてそれらが満たされると「尊敬されたい」「承認されたい」となる。

訪問者　はい。

デカルト　さらにそれらが満たされると「何かを成し遂げたい」というような欲望が生まれ、最終的に「何かを創造したい」、そして「誰かの役に立ちたい」というものに変わっていく。これをマズロー[※12]の欲求階層説[※13]と言います。

訪問者　最終的には、そういう望みに行き着くんですね。

デカルト　はい。人間の究極の願望は、そういうところにあるようです。そしてそういう願望を満たしたときの快楽は、贅沢のような一時的な快楽よりずっと大きい。経験機械は本人の欲求の段階に合わせた快楽を順次提供していきます。訪れる快楽

12＊アブラハム・H・マズロー
1908～1970
アメリカの心理学者。人間性心理学（ヒューマニスティック心理学）の第一人者。ブランダイス大学教授やアメリカ心理学会会長を務めた。彼が提唱した**欲求階層説**（※13）や**自己実現理論**は、経営学など他分野でも言及されている。

は、常に、前の快楽よりも大きい。よって慣れて麻痺することはありません。

訪問者　う～ん。初めの方の「贅沢がしたい」とか「モテたい」というのはバーチャルでもいいのかもしれません。でも、最終的な「困っている人を助けたい」といった願望をバーチャルで解決するというのはどうなんでしょう。実際に困っている人は助かっていません。

デカルト　なかなか鋭いですね。まあ、あまり難しく考えないでください。あなたが「誰かの役に立ちたい」という欲求を持った場合、あなたはこの機械の中でその欲求を満たす。それによってあなたは快楽を得るわけです。

訪問者　ほんとに快楽に徹していますね。

デカルト　はい。経験機械はすべて、あなたの幸福と快楽のためだけにあります。あなたは人生の成功者。さあ、バラ色の人生へ旅立ちましょう！　誰にも迷惑はかかりません。

訪問者　私は今日まで、いろんな人から手を差し伸べてもらったような気がします。次は自分が誰かに協力したいと思っても、実際、誰のためにもなってないし、誰にも寄り添っていないというのは、やはり本末転倒な感じがします。

デカルト　現実の世界で他者に貢献するなど、迷惑なだけでほとんどできない。で

13＊欲求階層説
アメリカの心理学者アブラハム・H・マズロー(※12)は人間の欲求を5段階に分類した（**欲求階層説**）。この説によると、人間の最も基本的な欲求は、①**生理的欲求**（「食べたい」「寝たい」など）である。そして生理的欲求がある程度満たされると、②**安全の欲求**（「安全でありたい」「住む場所が欲しい」など）が生まれる。次に③**社会的欲求**（「愛されたい」「組織に所属したい」など）、④**承認の欲求**（「尊敬されたい」「認められたい」など）と続き、最後には⑤**自己実現の欲求**（「何かを創造したい」「平和に貢献したい」「他者のために何かを成し遂げたい」など）が現れるとされる。

きたと思ったのなら、恐らくあなたの思い込みです。そういう善意は他者のためではなく、実は自分のためです。それなのに、他者に手を差し伸べたり寄り添うために、現実世界に止《とど》まる方が本末転倒ではないでしょうか。

それとも……、

経験機械に入らないということは
この世界には快楽や幸福以上の価値があるということでしょうか?
幸福以上の価値……

はい
あるような気がします
ほう
それは
何でしょう？
わかりません
でも　たとえ
快楽や幸福を
手に入れたとしても
それを失ったら
意味がない
何かです

デカルト　それはまた、結構なものですね。
訪問者　幸福さえ手に入れたら、何でもいいというわけではないと思います。たとえそれが自己満足だったとしても。
デカルト　そう。ですか。
訪問者　幸福か、そうでないかの二つでは、なぜか考えられないのです。
デカルト　なるほど。二元論※14ではない。
訪問者　申し訳ございません。
デカルト　いいえ、お詫びには及びません。入るも入らないもあなたの自由。ただ、この世界に止《とど》まる限り、果たしてそんな悠長なことを言っていられるかどうか。
訪問者　そんな。脅かさないでください。
デカルト　どうでしょう、一緒にバルコニーに出てみませんか。
訪問者　は、はい。ぜひ。
デカルト　外の景色をあなたにお見せしたい。どうぞこちらへ。

14＊二元論
善と悪、真と偽、美と醜など、世界を相対する二つの原理に分けて考察する立場。デカルトは、世界を心と物に分ける**二元論**を展開した。

ご覧ください
これがあなたが
これから生きて
いこうとする
現実の世界です
ご覧のように
この世界には
災害　戦争
事件　事故
飢餓　感染症…
さまざまな困難が
存在します
たとえ運よく
これらの困難を
のがれられた
としても
別れや不運
罪の意識
責め　由来　争い
そして死など…
過去に一度は
そういう経験を
したのでは?
愛する
人との
別れ
どうしよう
背負わ
なくては
ならない
罪や
運命
他人との
避けられ
ない争い
もう部活
できない
精神的、
肉体的な
苦痛
偶然の
不幸
人は誰もが
自分の意志や努力
では
どうすることも
できない
限界状況[※15]と呼ばれる
絶望を経験します
ビュオオオ

ビュオオオオオ・・・
あるいは現在
そういう経験の
真っ只中なのかも
しれません
ガチャに
外れた
営業成績
後輩X
先輩Y
YOU
同僚Z
もう仕事
できない
キモイ
キモイ
キモイ
ガーン!
そしておそらく
ゴクリ・・・
未来《これから》も……

15＊限界状況
カール・ヤスパース（※16）が自著『哲学入門』の中で提唱した概念。偶然、苦悩、争い、責め、罪、由来、死など、科学で解明したり、技術で解決できない人生の壁をさす。**限界状況**で人は無力さや限界を思い知る。しかし限界状況による真の挫折を経験したとき、その悲しみのすべてを包み込む存在である**包括者**（※18）に出会う。この出会いで人は初めて限界の先を目にする。

16＊カール・ヤスパース
1883〜1969
ドイツの哲学者。大学で法律と医学を学ぶ。卒業後、精神科医としてハイデルベルクの精神病院に勤務した。1914年、ハイデルベルク大学心理学講師となる。1921年から同大学

デカルト　そうですか。まあ、限界状況に立たされたときでしか、人は真理に気づくことができないと考えるヤスパース[※16]のような人物もいますからね。

訪問者　ヤスパース？　どなたでしょう。

デカルト　実存主義[※17]の哲学者です。「限界状況に立たされたとき、人は包括者[※18]と出会う」。彼の言葉です。

訪問者　包括者？　誰ですか？

デカルト　ヤスパースによれば、包括者は人とは限りません。包括者とは、仕事や家事などの生活にとって大切な何かではなく、その人の人生にとって大切な何かだそうです。いずれにせよ、今回はお役に立てなくて申し訳ありません。

訪問者　そんなことはありません。お会いできて本当によかったです。

デカルト　それは何より。ああ、それから……。先ほどお話に出たＶＲやＡＲ機器なら、ここヴァルカンシュタイン城には、超高性能グラスの貸し出しがあります。私もよく、ＶＲグラスで白亜紀の地球を旅したり、ＡＲグラスでこの城を和風建築に変えたりして楽しんでいます。

訪問者　へえ、楽しそうですね！

デカルト　はい。この塔にあるＩＴ機器は、巷《ちまた》に出回っている製品とは比較にな

哲学教授。ナチス政権成立後、夫人がユダヤ人であったため、教職を追放された。戦後、復職し総長代理をつとめた。

17＊実存主義
「実存」とは、一般的な考えとは無関係に、現実を主体的に生きること。客観的に世界を把握するのではなく、「私」にとっての真理を探求する立場を**実存主義**という。

18＊包括者
私たちを包み込み、私たちを支える根源となるもの。包括者は個人によって異なり、特定の対象とはならず、常に背景に留まる。**限界状況**（※15）に立たされたとき、人は包括者と出会い、自分の限界の先を目にする。そしてそれに向かって再び歩み出すとヤスパース（※16）は考えた。

カラン
カラン
カラン
カラン
カラン
カラン
カラン
ボッ
今日は定例会の日ですね
カラン

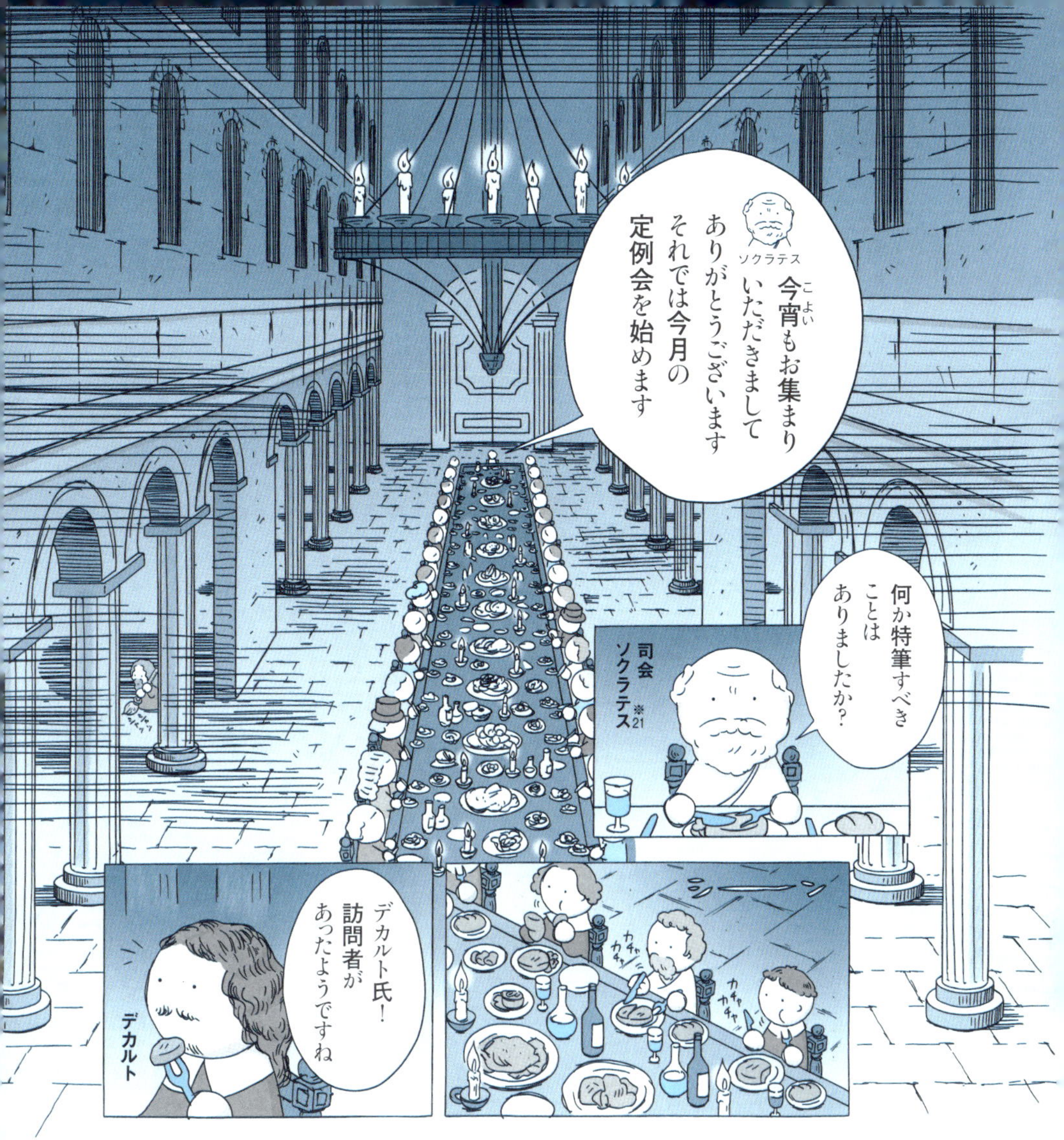

21＊ソクラテス
前469頃～前399
古代ギリシアの哲学者。アテネ出身で倫理学の創始者。市民たちとの問答を通じて、普遍的な真理の存在を主張した。真の賢者は自分が知らないことを自覚していると説く（**不知の自覚**）。裁判によって「ギリシアの神々を認めず、若者を堕落させた」という罪で死刑宣告される。弟子たちは脱獄を勧めたが、これを拒否し、毒の杯を飲んで自死した。「悪法もまた法なり」の言葉を残す。自著を残さなかったが、弟子であるプラトンの『ソクラテスの弁明』や『国家』などにその思想が記されている。

22＊ゲオルク・ヴィルヘルム・フリードリヒ・ヘーゲル
1770～1831
ドイツの哲学者。**ドイツ観念論**の完成者。ベルリン大学の総長。ヘーゲルにとって「自由」は、個人の内面の問題で終わらすべきではなく、現実社会で具体的に実現されるべきものだった。そして人類の歴史とは、少数の人間が自由な時代から、すべての人間が自由な時代へと移行する過程であるとした。**弁証法**（4章※30）や「ミネルバのフクロウは夕暮れに飛び立つ」という言葉で有名。

23＊荘子（6章※17）
前369頃～前286頃
道教の始祖とされる老子の継承者。自著『荘子』には**胡蝶の夢**と呼ばれる以下の寓話が記されている。荘子は、夢で蝶になった。しか

し目覚めてみると、自分が夢で蝶になったのか、いま、蝶が夢で自分になっているのかわからなくなった。荘子は、どちらであっても大した違いはないと考えた。

24＊神の誠実
この世が夢ではないことを証明することはできない。だがデカルトは「神が我々を欺くはずはない」とし、この世は幻ではなく、実在しているとした。

25＊オッカムのウィリアム
1285〜1347
スコラ哲学（中世の学問的な神学）を代表するイギリスの哲学者。フランチェスコ修道会に属した。「ある事柄を説明するために、必要以上に多くの存在を持ち出すべきでない」とするオッカムの主張は**オッカムの剃刀**と呼ばれている。

哲学者は架空の存在を持ち出して
何かを説明すべきではありません
オッカムのウィリアム
お聞きいたしますがあなたは根源的な問いを神抜きにして説明できますか?
例えばこの世はなぜ、存在しているのか?
なぜ何もないのではなく何かが存在しているのか?
そういう問いをです
シャッシャッ
その答えが難しいからといってどうして神が存在していることになるのでしょう?

26＊ルートヴィヒ・ウィトゲンシュタイン
1889〜1951
イギリスで活躍した哲学者。鉄鋼王の家庭に生まれるが、遺産はすべて放棄。ケンブリッジ大学でラッセル(5章※26)に師事。**分析哲学**や**言語哲学**に大きな影響を与えた。志願兵になったり小学校の教員になったりと波乱万丈な人生を送った。

27＊語り得ぬものについては、沈黙しなければならない
ウィトゲンシュタインの主著『論理哲学論考』の文末の言葉。例えば、現実世界には「神」や「道徳」に該当する物理的事象は存在しない。そのため、神や道徳に関する主張の真偽は、実際に確かめることができない。確かめることができないことには、沈黙すべきだとウィトゲンシュタインは考えた。

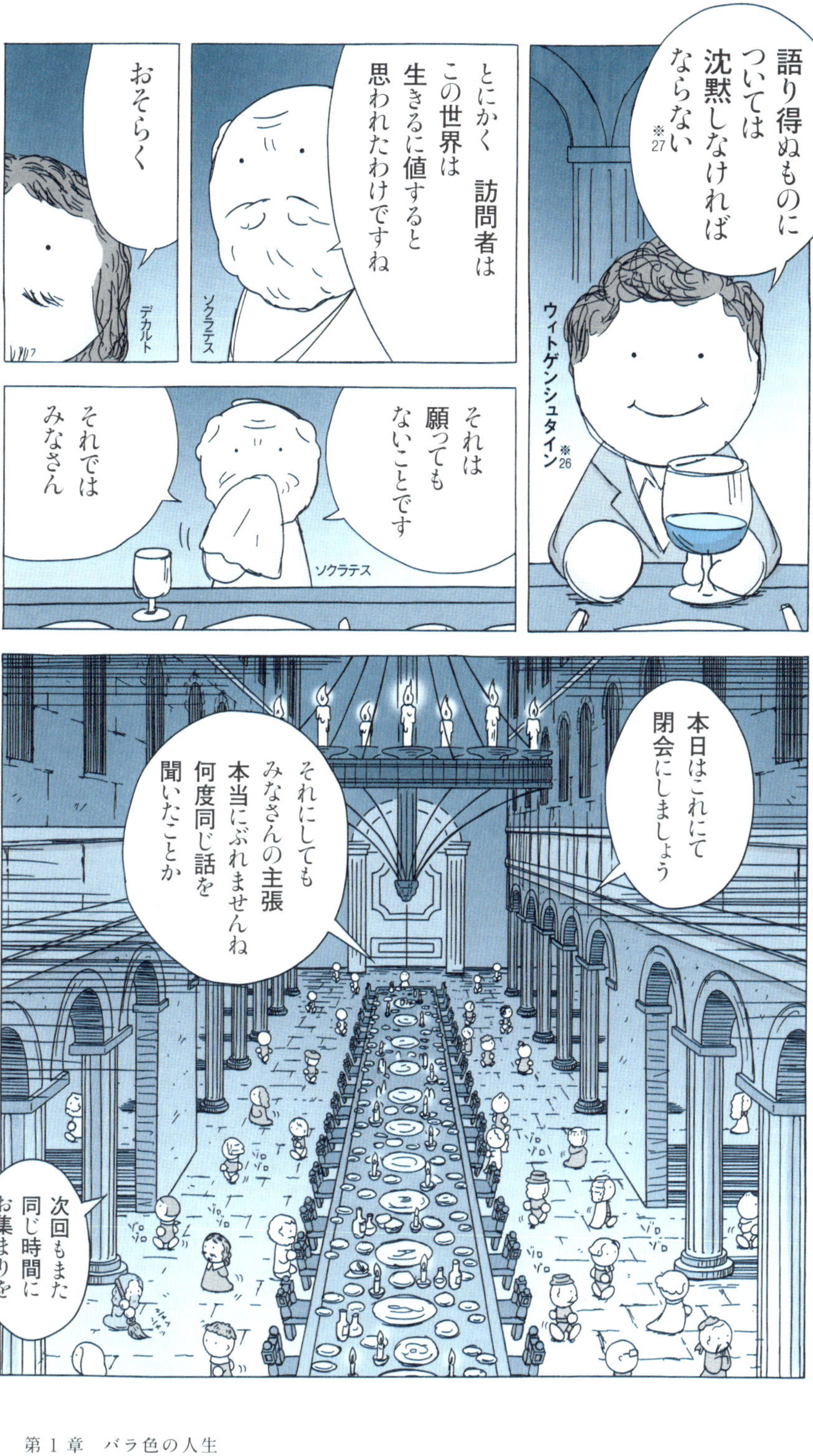
語り得ぬものについては沈黙しなければならない※27
ウィトゲンシュタイン※26
とにかく 訪問者はこの世界は生きるに値すると思われたわけですね
ソクラテス
おそらく
デカルト
それは願ってもないことです
ソクラテス
それではみなさん
本日はこれにて閉会にしましょう
それにしてもみなさんの主張本当にぶれませんね何度同じ話を聞いたことか
次回もまた同じ時間にお集まりを

THE IVORY TOWER

ゴロゴロゴロ…
ゴロゴロ…
ねえ リサ
もうこれ以上は危険だよ
ゴロゴロ
何言ってるの！この天気いかにも冒険って感じじゃない！元気だして！
ピカ
うわ！
この辺りでビバーク※した方がいいって！
今日は絶対！
まだ3時じゃない！
あと2時間は歩かなきゃ！
ピカピカッ
ゴロゴロゴロゴロゴロ…
絶対まずいって！
ほら あの山の頂上まで行く…
よ！
ピ
リサ!!
※緊急に野宿すること。

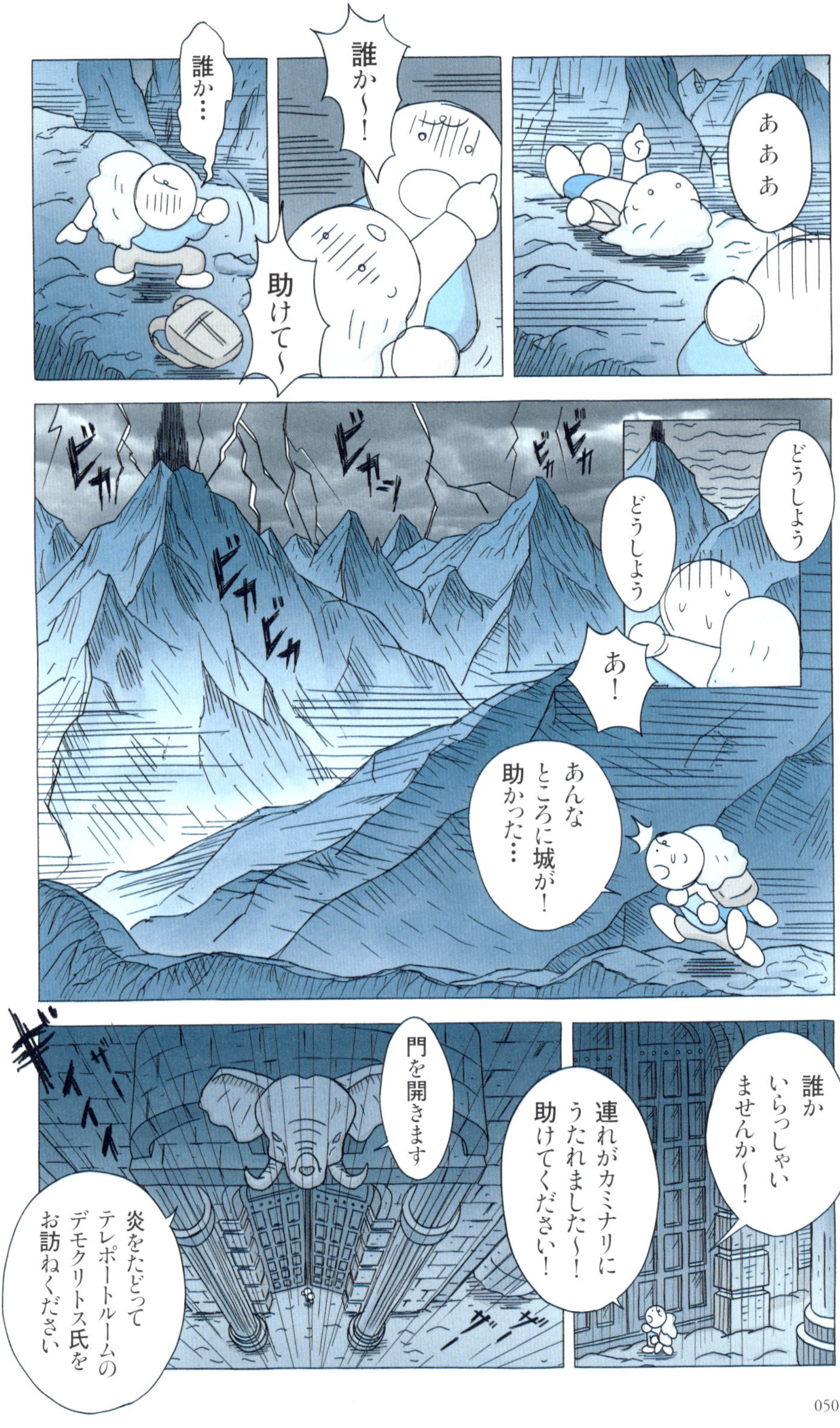

あぁぁ
誰か〜!
助けて〜
誰か…
ピカ
ピカーッ
ピカピカ
どうしよう
どうしよう
あ!
あんなところに城が! 助かった…
誰かいらっしゃいませんか〜!
連れがカミナリにうたれました〜! 助けてください!
ザー
門を開きます
炎をたどってテレポートルームのデモクリトス氏をお訪ねください
ギィィィ

第2章
同一人物
デモクリトスと名乗る人物
と
原子論

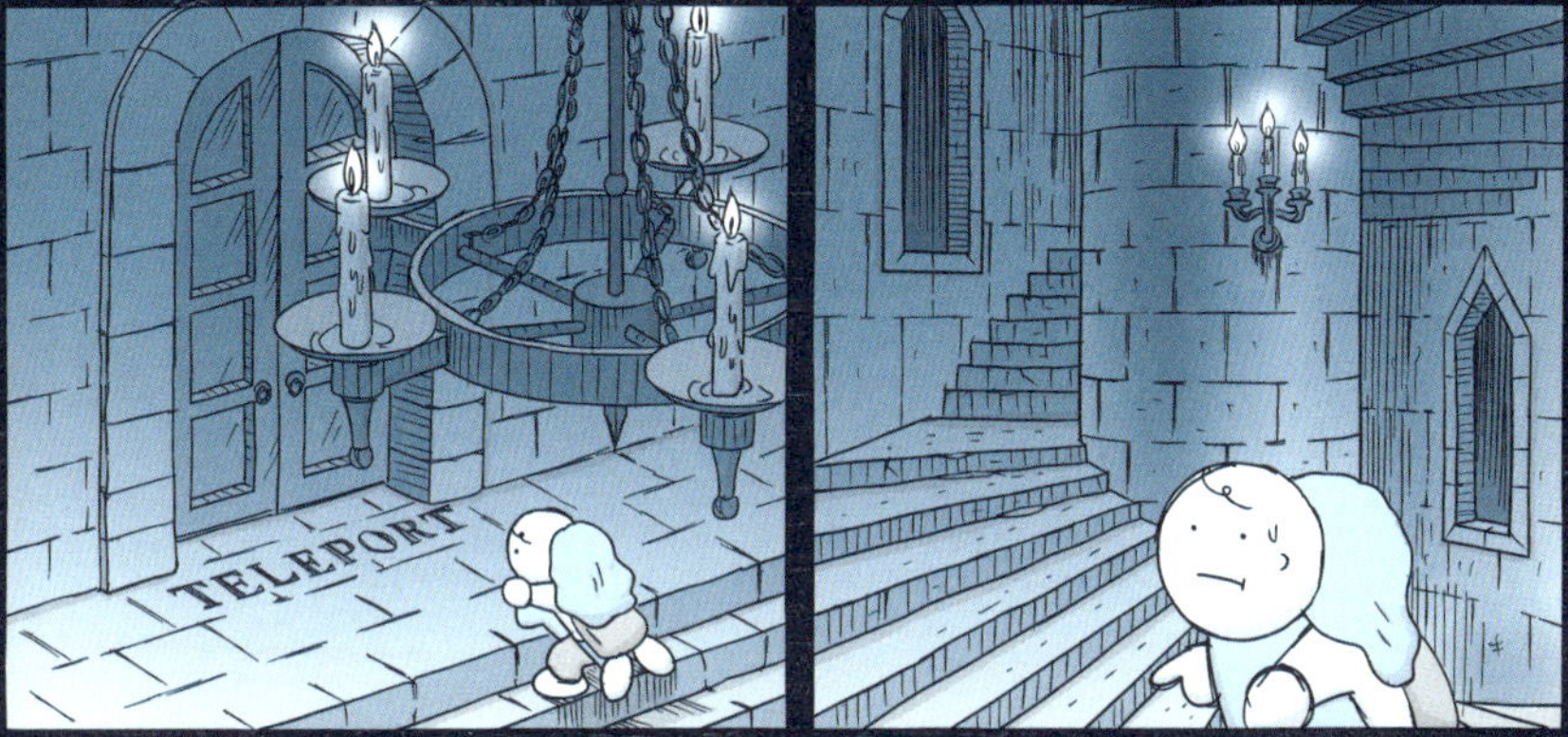

デモクリトス

前460頃〜前370頃
ギリシアの自然哲学者。
快活な性格から「笑う哲学者」と呼ばれた。
無数の原子（アトム）が
空虚の中を運動、結合することで
世界は作られるという、
現代の考えにも通ずる原子論的唯物論を説いた。
物体の性質の違いは原子の配列の違いから生じ、
なおかつ人間の魂も原子からできていると考える。
人生の理想は、原子の乱れのない
心も体も穏やかな状態であることとした。

災難でしたね
デモクリトス
病院で医者に診てもらえば命に別状はないでしょう
よかった…病院はどこでしょうか
ホッ
この近くに病院はありません
最寄りのエーテル病院はここから20キロほど先にあります
そんな！外はすさまじい雨です！
ご安心ください
これから患者を病院にテレポートします
テレポート…
？
そうです瞬間移動です
こちらのテレポートマシンで
リサ様をエーテル病院に瞬間移動させるのです

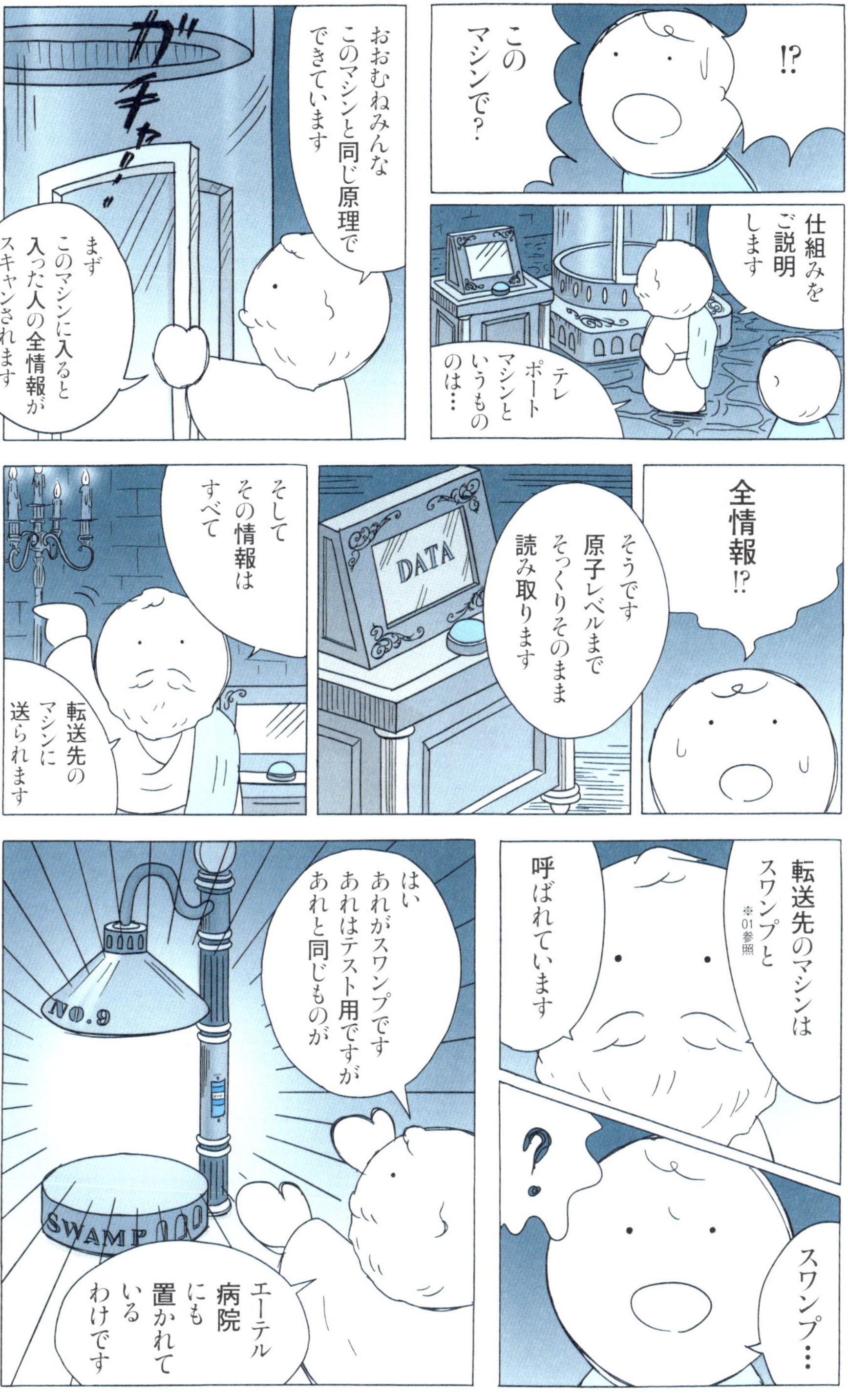
!?
このマシンで?
仕組みをご説明します
テレポートマシンというものは…
おおむねみんなこのマシンと同じ原理でできています
ガチャ!!
まずこのマシンに入ると入った人の全情報がスキャンされます
全情報!?
そうです 原子レベルまでそっくりそのまま読み取ります
DATA
そしてその情報はすべて
転送先のマシンに送られます
転送先のマシンはスワンプと
※01参照
呼ばれています
?
スワンプ…
はい あれがスワンプです あれはテスト用ですが あれと同じものが
NO.9
SWAMP
エーテル病院にも置かれているわけです

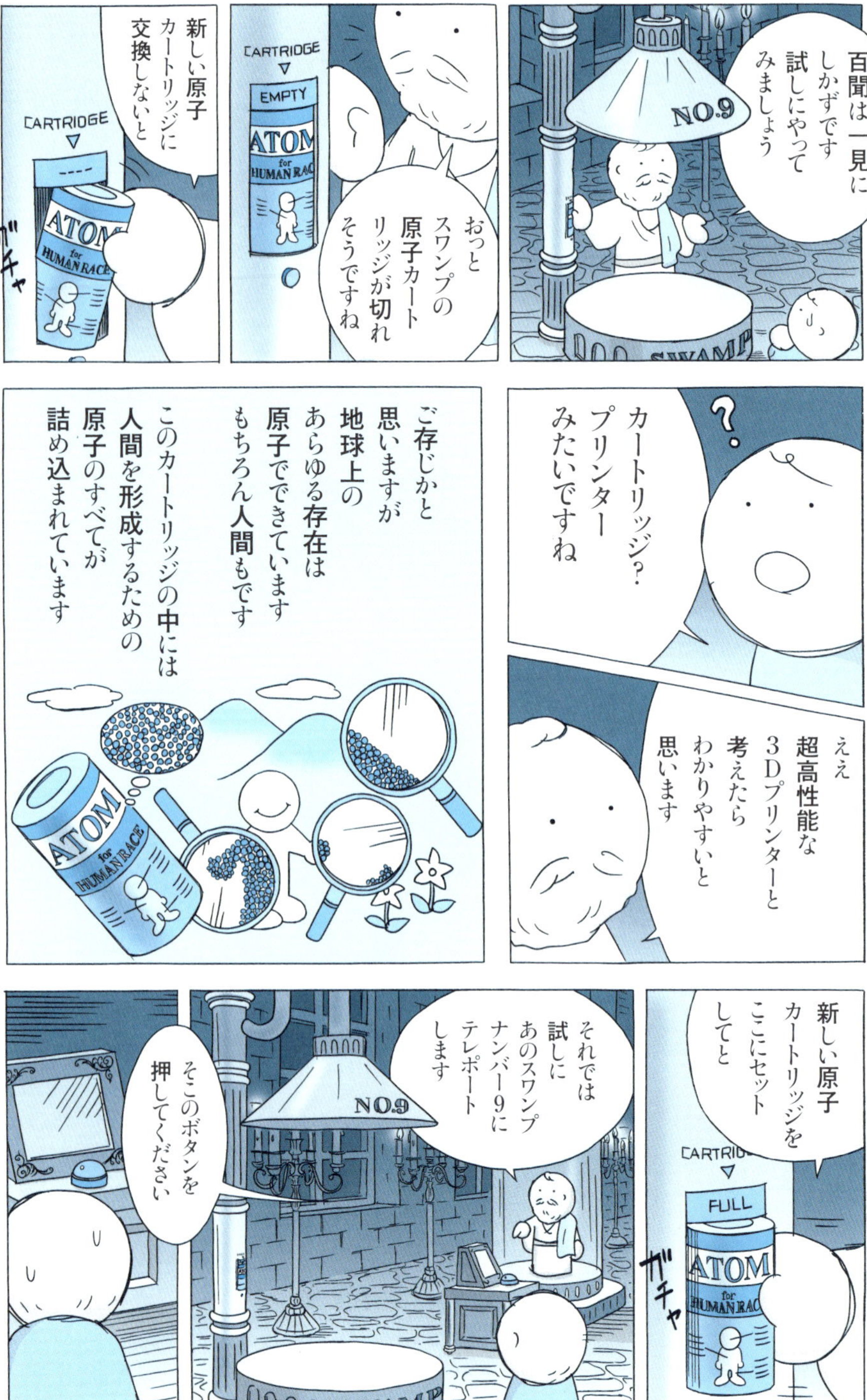
百聞は一見にしかずです試しにやってみましょう
NO.9
SWAMP
CARTRIDGE
EMPTY
ATOM for HUMAN RACE
おっとスワンプの原子カートリッジが切れそうですね
CARTRIDGE
ATOM for HUMAN RACE
新しい原子カートリッジに交換しないと
ガチャ
カートリッジ？プリンターみたいですね
ご存じかと思いますが地球上のあらゆる存在は原子でできていますもちろん人間もです
このカートリッジの中には人間を形成するための原子のすべてが詰め込まれています
ATOM for HUMAN RACE
ええ超高性能な3Dプリンターと考えたらわかりやすいと思います
新しい原子カートリッジをここにセットしてと
CARTRIDGE
FULL
ATOM for HUMAN RACE
ガチャ
それでは試しにあのスワンプナンバー9にテレポートします
NO.9
SWAMP
そこのボタンを押してください

ゴクリ
ポチッ
オリジナルの
スキャンを開始します
data reading
ウィ〜ン
!
ウィン
ウィン
ウィン
スキャン中です
スキャン中です
スキャンが
完了しました
スキャン
データを
スワンプ9に
転送します
データの転送が
完了しました
9
data transfer
SWAMP
スワンプ9で
再生を
開始します
NO.9
ピカッ
SWAMP
シュー
シュー
わ
わ
わ
再生中です
再生中です
再生中です
再生中です
シュー
NO.9
再生が
完了しました
SWAMP
テレポートが
終わった
ようですね
NO.9
SWAMP
SUCCESS
それでは
私はこれで

テレポートマシンの中へ。

訪問者　デモクリトス様、せっかくですが、私は彼女を担いで病院まで行きます。この機械は使いません。明日、嵐が収まったら、すぐに出発します。

デモクリトス　正気ですか？　病院までの道はとても険しい。歩いて丸一日はかかります。ましてや担いで行くなんて。

訪問者　でもこのテレポートマシンを使ったら、リサは粉々になって死んでしまいます。

デモクリトス　どうして？　リサ様は病院に現れます。

訪問者　これは移動ではありません。ここにいるリサはいなくなってしまい、また別のリサが誕生するとしか思えません。私だってこのマシンには入りたくありません。私と細胞レベルで同じ人物が、ほかの場所で新生するとしても、それは私ではない。このマシンに入ったら、私はここで死ぬことになります。リサだって同じです。

デモクリトス　では、病院に現れる人物は誰ですか？

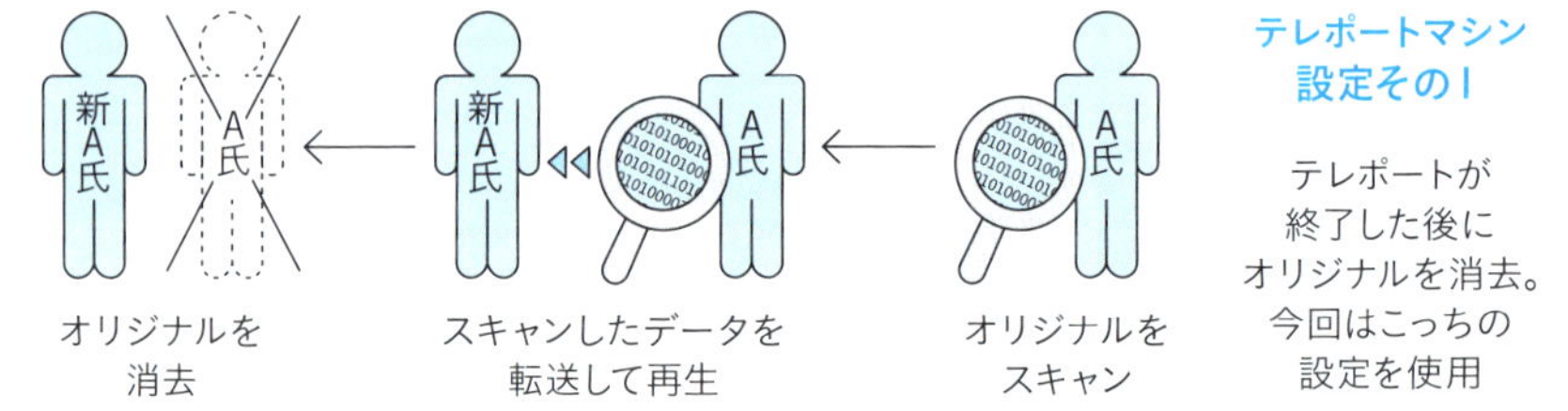

テレポートマシン
設定その1
テレポートが
終了した後に
オリジナルを消去。
今回はこっちの
設定を使用
A氏
オリジナルを
スキャン
新A氏
スキャンしたデータを
転送して再生
オリジナルを
消去

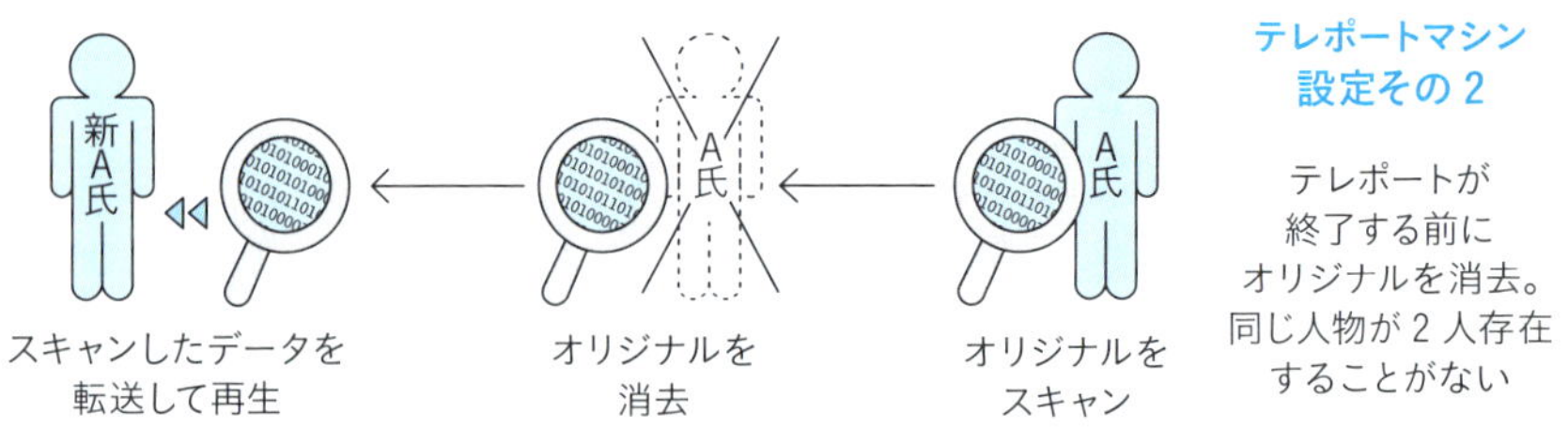

テレポートマシン
設定その2
テレポートが
終了する前に
オリジナルを消去。
同じ人物が2人存在
することがない
A氏
オリジナルを
スキャン
オリジナルを
消去
新A氏
スキャンしたデータを
転送して再生

訪問者　それは……。

デモクリトス　テレポートマシンは、リサ様の脳までそっくりそのまま再生します。私を見ればわかるでしょう。転送前と今の私は、身体はもちろん、記憶も性格も感情も何もかも同じです。何度も申し上げますが、テレポート先に現れる人物は、このリサ様と同一人物です。

訪問者　たとえリサと同一人物が生まれても、その人がここにいるリサとはどうしても思えないのです。テレポート後のリサは、外側から見れば、たしかにリサですが、リサの内側から見れば、ここにいるリサだけがリサです。

デモクリトス　あなたはリサ様ではありませんので、リサ様の主観[※03]になることはできない。あなたはリサ様を客観[※04]的に見るのみ。あなたから見てリサ様ならそれでいいのでは？

訪問者　そんなことはありません。私とリサはいつも一緒で、いろんな世界を二人で見てきました。だから、たとえ一人で窓の外の夕焼けを見たとしても、一人でパンケーキを食べたとしても、すぐに、リサだったらどう感じるのか、何を思うのか、そんなふうに考えてしまいます。散歩の途中、ツバメの巣から雛《ひな》が顔を覗かせているのを見かけたら「リサに知らせないと」とどうしてもあわててしまう。リサの心

02＊同一人物
西洋哲学において「同一性」は重要な概念。何をもって「同一」とするかは、古くから、パルメニデス、プラトン、アリストテレス、ホッブズなど、さまざまな哲学者によって論じられてきた。

03＊主観
自分の認識、意志、感情などのこと。対義語は**客観**。

04＊客観
主観からは独立して存在する外界の対象のこと。対義語は**主観**。

と、私の心は、一つになることがあると信じたいです。

デモクリトス　まさかあなたは、リサ様の主観になれるとお考えですか？　人間は、自分ではない他人の意識になることができると思っている？

訪問者　他人の気持ちになって見たり考えたりすることはできるような気がします。

※

デモクリトス　西田幾多郎[※05]という哲学者をご存じですか？

訪問者　いいえ、初めて聞きます。日本人？　でしょうか。

デモクリトス　はい。この塔に自らをそう名乗る人物が住んでいます。あなたの話を聞いていたら、彼の言葉を思い出しました。

訪問者　どんな言葉でしょうか？

デモクリトス　「すべての意識は根底でつながっている」。彼は禅の体験でそれに気づいたらしい。

訪問者　禅……、ですか。「悟った」ということでしょうか。

デモクリトス　そうかもしれません。紀元前に、すでに原子論[※06]を唱えた私にとって、意識が根底でどうのという話は、あまりに非科学的としか思えませんが。[※07]

05＊西田幾多郎（6章※扉）
1870～1945
日本を代表する哲学者。石川県生まれ。東京帝国大学文科大学哲学科に選科生として入学。卒業後、金沢の第四高等学校講師、学習院教授などを経て、京都帝国大学教授に就任。主著『善の研究』で、主観と客観が分かれる前の**純粋経験**という概念を提唱する。晩年は、万物の根底に**絶対無の場所**を据える**場所の論理**を展開した（西田の言う「場所」とは、平面ではなく、空間に近い）。なお、純粋経験や絶対無の場所は、禅的な「無の境地」を哲学的に説明した概念だとされる。75歳で死去。

この世界（自然界）に存在するあらゆる物質や意識は、
「絶対無の場所」で通じていることに西田幾多郎は気づいた。
だからこそ、主観と客観、時間と空間、一と多など、
対立した概念や矛盾が共存できていると説いた

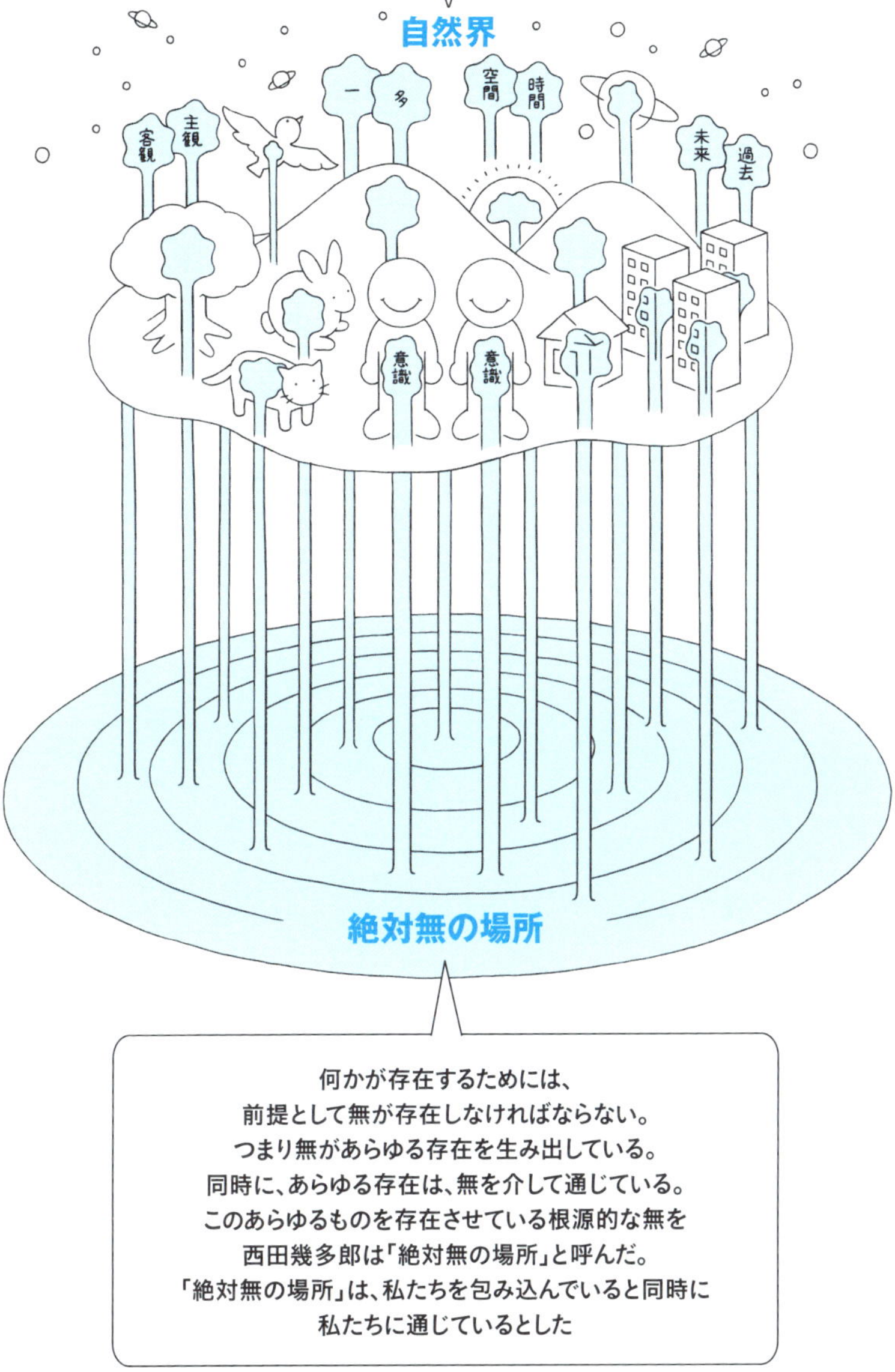

何かが存在するためには、
前提として無が存在しなければならない。
つまり無があらゆる存在を生み出している。
同時に、あらゆる存在は、無を介して通じている。
このあらゆるものを存在させている根源的な無を
西田幾多郎は「絶対無の場所」と呼んだ。
「絶対無の場所」は、私たちを包み込んでいると同時に
私たちに通じているとした

訪問者　でも、みんなの意識がどこかで一つに通じているのだとしたら、なんだか嬉しいです。

デモクリトス　そうでしょうか。

訪問者　はい。私にはそう思えます。

デモクリトス　もし、他人の意識と自分の意識がつながっていたら、他人の苦しみがあなたにも伝わってきてしまいますよ。誰かが悲しい思いをすれば、その悲しみはあなたの心に入り込み、あなたまで悲しい思いをすることになる。そうなれば、あなたは、あなたの人生を生きることができない。誰かの心が傷ついたのなら、その心の傷を癒やすのは、その人自身であり、あなたではありません。

訪問者　そうかもしれません。でもリサは、私が辛いとき、いつも私のそばにいてくれて、私と一緒に悲しんでくれました。

デモクリトス　人は他人の人生に引きずられて生きるのではなく、自分の人生を生きなくてはならない。自分の意識は自分の意識。他人の意識は他人の意識。そう割り切って生きていく。それが自律[※08]というものだとは思いませんか？

訪問者　もちろん誰にも振り回されずに自分の人生を生きることは大切だと思います。でも、大切だとわかっていても、もし困っている人の顔[※09]を見てしまったら、意

06＊原子論
世界が、それ以上分割できない最小単位である原子（**アトム**）から成り立っているとする説。紀元前にデモクリトスが提唱した。

07＊唯物論
世界は物質だけでできていると考えることを**唯物論**という。科学との親和性が高い。デモクリトスの**原子論**（※06）は代表的な唯物論である。対義語は**観念論**。

08＊自律
他人の影響を受けず、自らの行動にルールを決め、自分の意志に従って行動することを**自律**という。ドイツの哲学者イマヌエル・カント（4章※22）はこの生き方を奨励した。

図せず、その人の辛さが勝手に心の中に入り込んできてしまう気がします。入ってこないように、自分の意志でコントロールすることは、人間にはできないように思います。それができるのなら苦労はしません。

デモクリトス　ほう。

訪問者　たとえ困っている人を見て見ぬふりをするという選択をしたとしても、心にわだかまりが残ることは確かです。人間は本当に、自分の意識と他人の意識を分けて生きていくことなどできるのでしょうか？　やっぱり、みんなの意識はどこかでつながっているような気がします。

デモクリトス　人間は、望む望まないにかかわらず、どうしたって他者に共感してしまう生きものだというわけですね。あなたは、それでもいいとお考えですか？

訪問者　そうですね……。はい。それでいいと、私は思います。（了）

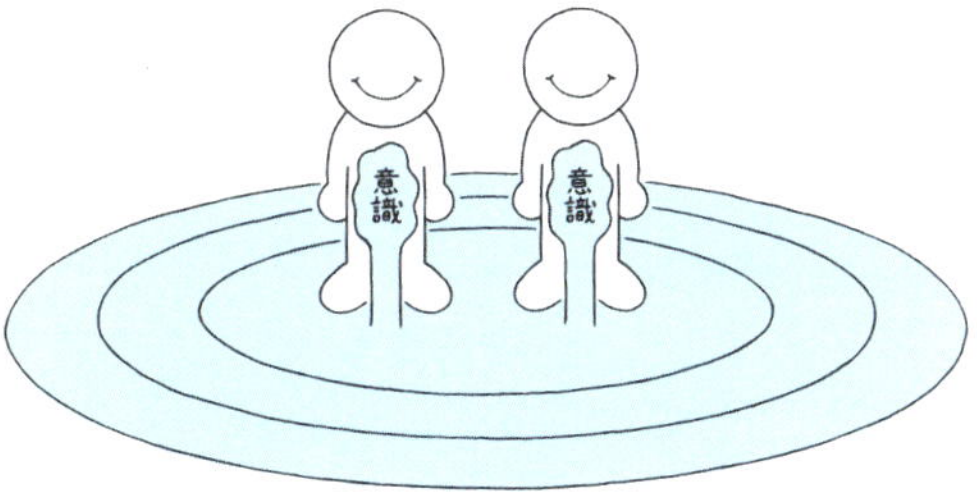

FIN

09＊顔
フランスの哲学者エマニュエル・レヴィナスは、自分の主観的な解釈で作られた狭い世界から抜け出す契機を他者の**顔**に見出した。彼は、他者の顔（他者の個性）に対して、関わりや責任を負わざるを得ないことで、自分の殻を打ち破ることができると説いた。

デモクリトス様
先日は本当にありがとうございました
おかげさまですっかりよくなりました
彼は3ヵ月の出張に出てしまったのでまずは私がお礼に参りました
もちろん彼も時期をずらしてお伺いさせていただきます
私は何もしていません
彼はテレポートマシンを使いませんでした
はい　私もテレポートマシンでは連続性が保てないと思いますのでその件に関しては彼の判断に感謝しています

10＊テセウスの船
イギリスの哲学者トマス・ホッブズ(※11)が『物体論』の中で紹介した思考実験。以下が概要。船長テセウスは、テセウス号に乗り、長い船旅に出る。やがて船の部品が古くなってくる。そこで新しい部品に交換する。さらに何日か経つと他の部品が古くなってくる。古くなった部品をその都度交換し、3年後にはすべての部品が新しくなった。この船は、出航前のテセウス号と同じ船と言えるのだろうか？

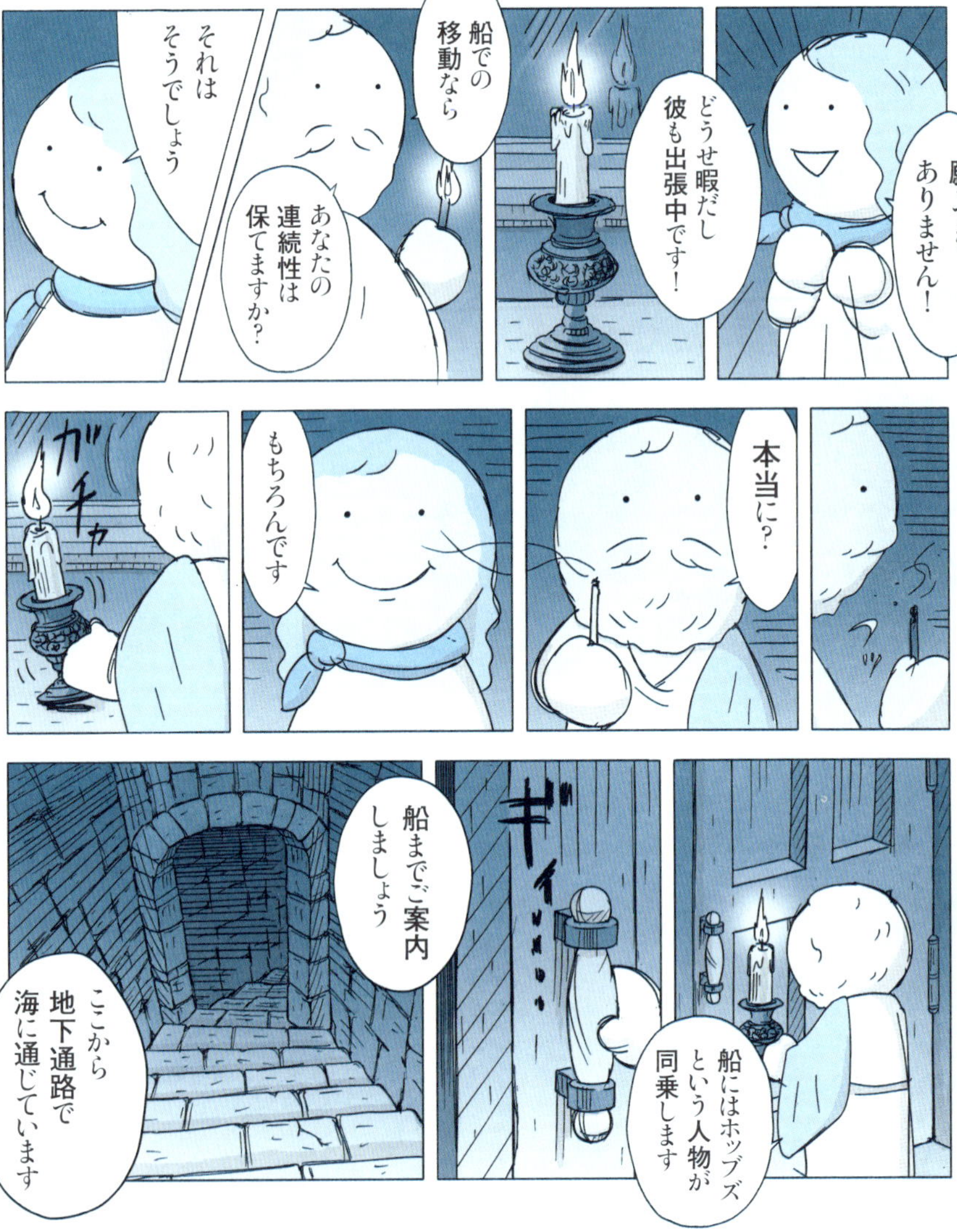

11＊トマス・ホッブズ
1588〜1679
イギリスの哲学者、政治思想家。主著『リヴァイアサン』で、王権神授説を否定し、論理的に国家の成り立ちを説明した。ホッブズによれば、人間の自然状態は、万人が富や権力を求めて戦い合う戦争状態である。よって人々が安全に暮らすためには、リヴァイアサン（※12）のような強い力を持った公的権力（＝国王）が必要である。この説は、**社会契約論**と呼ばれ、図らずも絶対王政を論理的に擁護することとなってしまった。そのため議会派（反王党派）から批判された。なおホッブズは『物体論』で、形而上学的な**唯物論**（※07）を論じている。

……
ジャリ…
初めまして
ホッブズ
ホッブズ※11と申すものです
初めまして
船旅なんて初めてなのでほんとにワクワクします
それは光栄ですな
まあとにかく
お乗りくだされ
この船はテセウス号といいます
ずいぶん年季の入った船ですね
そうですな
それでは3ヵ月間の旅に
出発です！

今日も いい 天気ですね
デモクリトス氏とは どんなお話を？
同一性について お話しして くださいました
なるほど それは 哲学の重要な テーマですな
あ！
見て ください 大きな 影が！
あれは リヴァイアサン※12 ですな
リヴァイアサン？
そう 旧約聖書のヨブ記に 記されている
この世で 最も恐ろしい 海の怪物です

12＊リヴァイアサン
『旧約聖書』の「ヨブ記」41章に記載されている海獣。神以外で、この世界最強のもの。ホッブズは、主著『リヴァイアサン』で、公的権力（＝国王）をこの海獣に例えた。

『リヴァイアサンの破壊』ギュスターヴ・ドレ

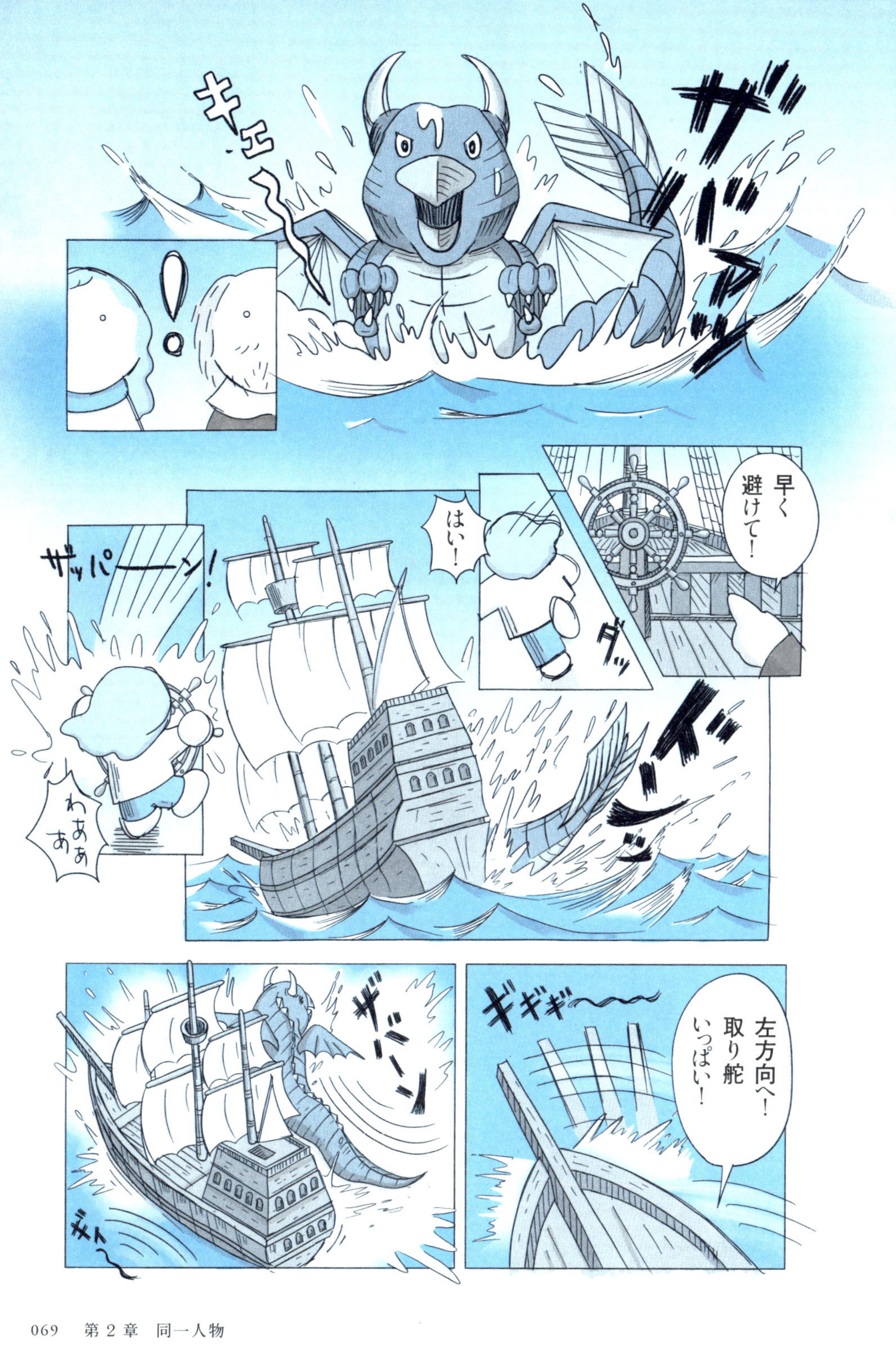
ザバァッ〜
キェ〜
!
早く避けて！
はい！
ダッ
ザッパーーン！
わあああ
左方向へ！取り舵いっぱい！
ギギギ〜〜
ザバーン

うまく回避できましたな
キェ〜
でも船がかなり傷ついてしまいました
困りましたな
あそこの港で部品を交換しましょう
新しい船体は快調ですね
マストと帆もだんだんボロボロになってきましたね
これはいけませんな
あそこの港で交換しましょう
やっぱりマストと帆は新品に限りますね

船尾楼もそろそろ交換した方がよさそうですな
そうしましょう
新しい船尾楼は居心地がいいです
船首もそろそろ交換した方がよさそうですな
そうしましょう
新しい船首はかっこいいですね
ロープもそろそろ交換した方がよさそうですな
そうしましょう
新しいロープの強度は抜群です
もうすぐ旅も終わりですね
そのようですな
せっかくなので目的地に着く前に残った部品を
すべて交換してしまいましょう
ついに帰ってきました！
3カ月なんて
あっという間でした

楽しかった〜
いい経験になりました！
広い世界を見て人生観がすっかり変わりました！
それは結構…
このテセウス号も3ヵ月間よく頑張ってくれましたな
本当に…
部品の交換作業は苦労しましたね
旅の間に部品をすべて交換したので
元の部品は
ひとつも残っておりませんな
そうですね
と　いうことは出発する前のテセウス号と
この船は同じ船と言えますかな
もしかしたら
同じ船とは言えないかもしれませんね
あなたは…
あなたは出発する前のあなたと同じ人物ですかな？
私ですか？
ええもちろんです
人間の…

人間の
身体を構成する
約60兆の細胞は
常に少しずつ
入れ替わって
います

旅に出る前の
あなたと
今のあなたに
同じ細胞は
ほぼ
ありません

あたかも
この
テセウス号の
部品が
3ヵ月で
すべて
入れ替わった
ように…

今のあなたを
形づくっている部品の
ほぼすべてが出発前の
あなたと違うのに
なぜ今のあなたと
出発前のあなたが
同じ人物と
言えるのですかな
私の細胞がすべて
変わっても　私の意識は
出発前の私と同じです
そうでしょうか
先ほどあなたは
人生観が
すっかり変わったと
おっしゃいませんでしたかな
あなたの
意識は…
出発前とは違います
細胞と同じように
人は皆　乳児のころは
ミルクを欲しがる
そのうち玩具や
友達を欲しがる
青年になれば
地位や恋人や家族を
欲しがるかもしれない
歳を取れば
孫の顔が見たくなる
ミルク
欲しい！
バブバブ
友達と
遊びたい！
自分探し
したい
恋人欲しい
おいしいもの
食べたい
家族
欲しい
出世
したい
孫の
顔が
見たい

少しずつ
変化するから
気づきませんが
過去のあなたと
今のあなたでは
物質的にも
精神的にも
違います
過去と現在と
未来のあなたの
どこがどう
同じ
なのでしょう?
私の中に・・・
グッ…
変わらずに
存在し続けている
記憶もあります
それに
これからも
変わらずに
自分の中に
あり続ける
記憶も・・・
あると
思います
素晴
らしい
ただ
その自分は
絶えず
変化と成長を
続けています
経験から
学んだことは
大切に
しつつも・・・
自分を
固定せず
常に
新しい自分を
柔軟につくって
いきたい
ものですな

THE IVORY TOWER

絵富蘭大学
CAREER CENTER
どうぞお入りください
コンコンッ
ガラ…
あの〜
お座りください
今どき就職課に用とはこりゃ珍しい
失礼します
ペコリ
ギィ
就職の相談に来ました
これからの時代どんな仕事を選べば
生き残れるでしょうか?
今後我々の仕事の99パーセントは
人工知能に奪われるであろう!
それよく聞きます
ズズズ
まぁまぁ聞き飽きてます

(※1)人工知能が人間の知能を超える転換点。この時点を境に人々の生活や価値観が一変するとされる。
(※2)COVID-19という感染症を引き起こすウイルス(SARS-CoV-2)。2019年に発見され、全世界に感染拡大した。

よし!
バンッ
ガタッ
CHOT《チョット》GPTに聞いてみよう
バタンッ
「今後の身の振り方を教えて」っと
もう何度もやってみたんですけど
YOU 今後の身の振り方を教えて
あなたがどのような人物かわかりかねるため、その質問には答えることができません。
ただし私から提案があります。
象牙の塔と呼ばれているヴァルカンシュタイン城に、高名な哲学者が多数暮らしています。今後の身の振り方については、彼らに相談するのが最良の選択といえるでしょう。
ヴァルカンシュタイン城の所在地は
ほう!
すごいぞ
これを見なさい
ここにいる哲学者とやらに相談したらすべて解決じゃ
……
象牙の塔…ずいぶん遠そうですね
…でも
利用して
行ってきます!
ありがとうございました!

あれだ…

第3章
ラプラスの悪魔
スピノザと名乗る人物
と
汎神論

バールーフ・デ・スピノザ

1632〜1677

オランダの哲学者。富裕なユダヤ商人の家庭に生まれる。
デカルトと並んで、近代を代表する合理主義の哲学者。
カント、シェリング、ヘーゲル、マルクス等に大きな影響を与えた。
デカルトの二元論に対して、
「神すなわち自然」で表現される一元論を展開した。
こうした汎神《はんしん》論的な思想はユダヤ教団から反感をかい、破門された。
その後はレンズ磨きで生計を立てながら思索に没頭する。
晩年、ハイデルベルク大学の哲学教授に招かれたが、
思索の時間が削られるとしてこれを固辞。
44歳で肺を患いその生涯を閉じた。

キュッ キュッ
将来 人工知能に 仕事を 奪われる と？
そうです
それに コロナの ような ウイルス も いつまた 流行るか わかり ません
なので どんな 仕事を 選べば いいか
ぜひ 知りたいと 思いまして ここに きました
人生に 失敗したく ないので
フッ
キュッ キュッ
コトン
結論から 言えば
あなたの 選択は 常に正しい
スピノザ
そんな
私の おばあちゃんじゃ ないんですから
祖母も よくそんなこと 言ってました
自分が やりたいことを おやりなさい
とかなんとか…
その言葉は 真実です

訪問者　え？

スピノザ　おばあ様の「やりたいことをやりなさい」という言葉は、もっともらしい人生訓などではなく、論理的に正しいということです。

訪問者　え？　あ、やっぱり。何か夢中になれることを見つけるべきだったんですね。私は今日までハマれる趣味を何一つ見つけることができませんでした。ですから、ダンスとか、ゲームとか、アクアリウム[※01]とか、Ｎゲージ[※02]とか、ネットでみんなに崇《あが》められるような趣味を持っていないんです。持っている人が本当に羨ましいです。

スピノザ　親や先生から「何でもいいから打ち込めることを見つけなさい」というような趣旨の忠告を何度か聞かされましたか？　さぞかしプレッシャーを感じていることでしょう。心中お察しします。

訪問者　そうなのかもしれません。

スピノザ　もちろん好きなことが見つかれば、思う存分取り組みたいですね。私もこうしてレンズ磨きで生計を立てながら[※03]、日々、趣味の哲学に没頭しています。でも「趣味に没頭する人生」だけが唯一の選択肢ではない。私が言いたいのはそういう話ではありません。

訪問者　と、言いますと？

01＊アクアリウム　熱帯魚や水草などの水生生物を飼育するための設備。

02＊Nゲージ　縮尺150分の1（新幹線は160分の1）の鉄道模型。

03＊スピノザのレンズ　スピノザは晩年、レンズ磨きによって生計を立てた。ジャン＝クレ・マルタン『フェルメールとスピノザ〈永遠〉の公式』（以文社）によれば、フェルメールの絵画『天文学者』のモデルはスピノザだとされる。

スピノザ　あなたは、この宇宙に、物質以外のものが存在していると思いますか？

訪問者　え？　宇宙？　物質？　いきなり次元の違う話。難しい質問ですね。

スピノザ　いいえ、難しく考えないでください。あなたはこの宇宙に物質以外のものが存在していると思いますか？

訪問者　えっとですね……。私はあまりスピリチュアルな考え方はしない方だと思います。ですからこの宇宙は物質だけでできていると思います。

スピノザ　ええ。それが現代人の常識的な考え方だと思います。

訪問者　よかった。

スピノザ　この世界は、原子と呼ばれる小さな粒子、つまり物質からできています。※04

訪問者　はい。そうだと思います。

スピノザ　では、心はどうでしょう。心とは、あなたの意識※05のことです。例えば「温かい」という感覚とか、「嬉しい」という感情とか、「食べたい」という欲求、または「食べよう」という意志は、粒子でできていると思いますか？

訪問者　あ、そういう意識（心）は、粒子でできているとは思えません。

スピノザ　粒子でできていないとなると、意識は物質ではありませんね。

訪問者　そうですね。意識は物質ではないかもしれません。

04＊唯物論
世界は物質だけでできていると考えることを**唯物論**（または**自然主義**）という。ギリシアの哲学者タレス、デモクリトス、ドイツのカール・マルクスなどが代表的な唯物論者。現代の一般的な科学者もこの立場と言える。対義語は**観念論**。

05＊意識
意識の種類には「信念」「感情」「感覚」「欲求」「意志」などがある。

スピノザ　だとしたら、この世界には、物質ではないものが存在することになりませんか。

訪問者　なるほど。確かにそうかもしれません。

スピノザ　どうやら世界には、物質の他に、意識という非物質が存在していると考えてもよさそうです。

訪問者　ですね。この世界には物質（粒子）の他に、意識という非物質？　があるのかもしれません。

スピノザ　ではあなたは、自分の意志（意識）で、自分の腕をあげられると思いますか？

訪問者　もちろんです。私が腕をあげようと思ったら腕はあがりますから。こんなふうに。

スピノザ　本当にその腕があがった原因は、あなたの意志（意識）によるものなのでしょうか？　意志のような非物質が、腕という物質を動かす原因になっているとしたら非常にまずいとは思いませんか。[※06]

訪問者　そう言われてみれば……。

スピノザ　物質世界の出来事は、物質世界だけで完結していなければなりません。[※07]

06＊意識と身体
もし、意識が身体を動かしているならば、意識という得体の知れないものが身体という物質を動かしていることになってしまう。一般的な物理法則が成立するためには、意識は物質に影響を与えてはいないと考えなければならない。

07＊物理現象は因果的に閉じている
物質世界の出来事は、物質世界だけで完結していること（意識は物質に影響を与えてはいないこと）を、心の哲学の分野では「物理現象は因果的に閉じている」と表記する。

「手があがる」というような物理現象は、常に一瞬前に起きた物理現象の結果であるはずです。そして一瞬前の物理現象は、さらに先行する物理現象の結果です。世界はそうした原因と結果の法則。つまり因果律で成り立っています。

訪問者　そうですね。でなければ、科学が成り立たなくなりそうです。

スピノザ　はい。ですから意志（意識）といった非物質が、身体のような物質に影響を与えるはずはないのです。あなたの腕は、あなたの意志が動かそうとしたことが原因となって動いたわけではありません。腕が動いた原因は「腕の筋肉が縮《ちぢ》んだから」とか、そういった物理現象だけで説明できなければならない。

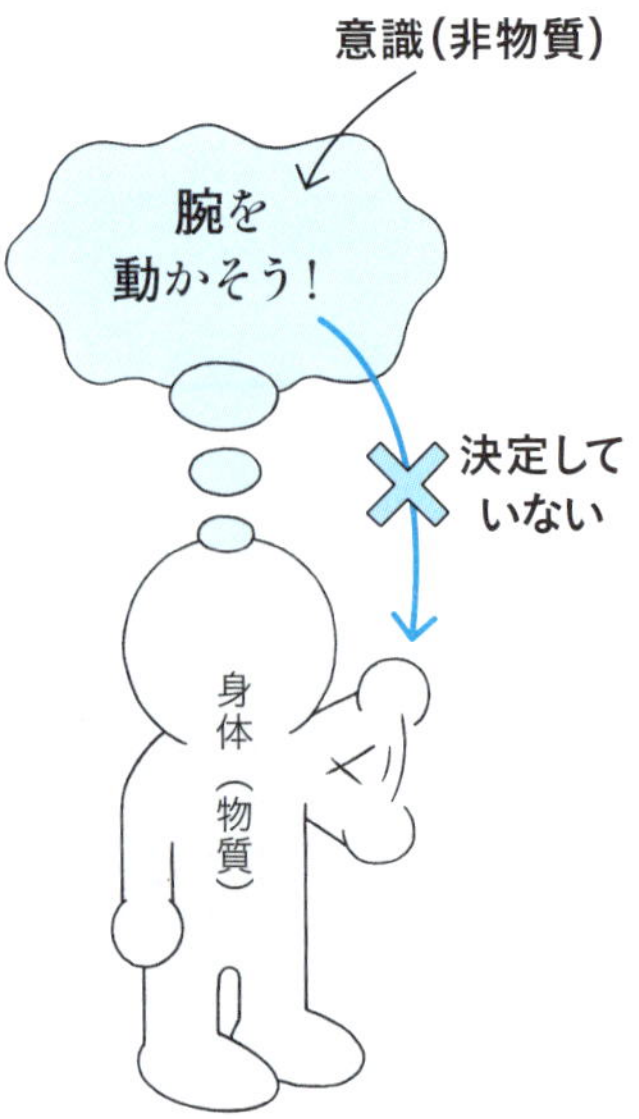
意識（非物質）
腕を動かそう！
決定していない
身体（物質）

もし
意識が身体行動を
決定していたら、
非物質（意識）が
物質（身体）に影響している
ことになってしまう

08＊神はサイコロをふらない
いっさいは因果律によって決定していて、偶然は存在しないことをアインシュタインは「神はサイコロをふらない」と表現している。

09＊決定論
すべての出来事は、その出来事に先行する出来事によって（自然法則である因果律によって）決定しているとする立場。フランスの数学者ピエール＝シモン・ラプラスは、これまでのすべての情報を持つ知能があれば、今後の出来事を的確に言い当てることができると考えた。こうした知能をラプラスにちなんで**ラプラスの悪魔**と呼ぶ。

10＊アルベルト・アインシュタイン（※24）
1879〜1955

訪問者　わかります。

スピノザ　今あるこの世界は、一瞬前の世界が原因となって生じた結果。もちろん一瞬前の世界は、さらに一瞬前の世界の結果です。遡《さかのぼ》っていくと、ビッグバンによってこの宇宙が始まった時点で、その後の出来事はすべて決定していたわけです。あなたと私が今日、こうして話をするということも、因果律によって初めから決定していました。そこに自由意志といった非物質が入る余地はありません。[※08] こうした考えを決定論[※09]といいます。科学者のアインシュタイン[※10]も、これと同じ考え方をしています。

訪問者　アインシュタインもですか。でも、どうしても、自分の意志で自分の行動を決めているように思えるのですが。

スピノザ　まず、腕が動いた原因は、腕の筋肉が収縮したからです。

訪問者　はい。

スピノザ　そして腕の筋肉が収縮した原因は、腕の筋肉の細胞が化学反応を起こしたからです。腕の筋肉の細胞が化学反応を起こすためには、さらに先行する原因があるはずです。この一連の流れは、すべて因果律に基づいた物理現象です。

訪問者　はい。

スピノザ　一方、その一連の物理現象と同時に、「手をあげたい」とか「手をあげよう」

20世紀を代表する理論物理学者。ドイツ生まれ。1910年代に、**一般相対性理論**を発表。1921年度のノーベル物理学賞を受賞した。

11＊心身並行説
デカルトは、心と身体は、脳を通じて相互作用をすると考えた（**相互作用説・心身二元論**）。これに対しスピノザは、心と身体に接点はなく、コインの裏表のように並行して進んでいると考えた。スピノザの哲学は一般的には**一元論**（神すなわち自然）と言われるが、**心の哲学**の分野では、**心身並行説**（心と身体はお互いに影響していないとする説）、または**性質二元論**（心と身体は自然という実体の二つの側面だとする説）に分類される。

という感情や欲求や意志があなたの意識に流れています。つまり、この世界には意識的側面と物質的側面という全く異なる二つの側面があり、その二つは交わらずにピッタリと並行して進行している。

訪問者　意識と、意識に対応する行動は、全く別々に進んでいるということですか。

スピノザ　その通りです。意識は先行する意識の結果として進行。一方、行動は先行する行動の結果として進行します。つまり意識と行動はそれぞれがそれぞれの因果律によって進行しているわけです。意識が行動に影響を与えることはありません。

訪問者　意識は意識の世界だけの出来事であり、物質は物質の世界だけの出来事ということですね。

スピノザ　いかにも。心と身体の関係は、コインの裏表の関係に似ています。ぴったりと対応はしていますが、交わることはない。これを心身並行説[※11]とい

スピノザが考えた心身並行説（※11）

スピノザは、世界には「意識的側面」と「物質的側面」の二つの側面があると考えた。そして、意識は意識的な因果律に、身体は物質的な因果律に従って動いており、それぞれが独自に進んでいるとした。たとえば、意識的に「歩こう」と思ったことと、実際に歩く行動は、常にピッタリと並行しているが、互いに影響を与えているわけではない。スピノザによれば、「自分の意識が自分の行動を決めている」という感覚は、錯覚に過ぎない

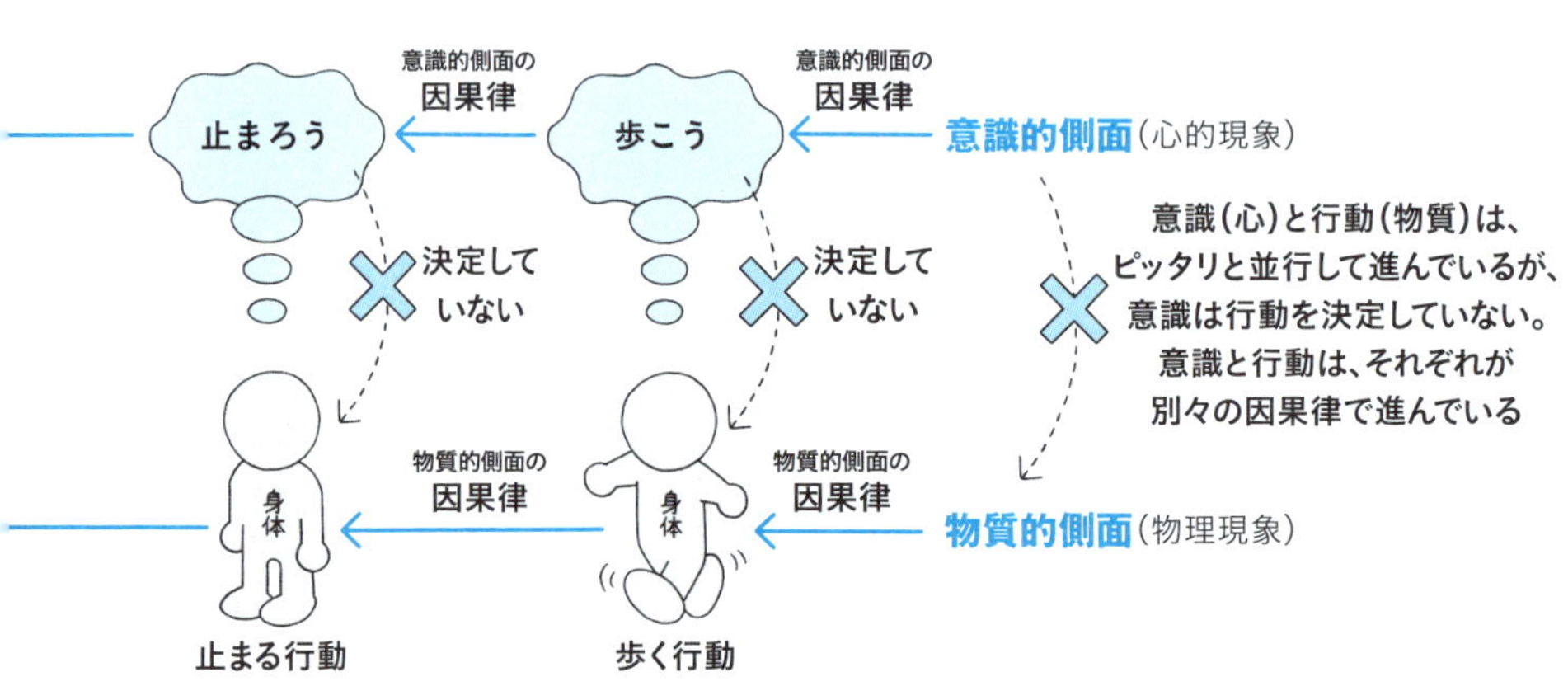

います。心が行動に影響を与えているように見えるのは、見た目だけです。

訪問者　なるほど。

スピノザ　そうでなければ、おっしゃったように科学は成立できない。

訪問者　たしかにそう考えれば、意識（非物質）は行動（物質）に影響していないことになりますね。

スピノザ　はい。意識的側面のルートに現れた「手をあげよう」という意志も、物質的側面のルートに現れた実際に手があがるという物理現象も、別々に、それぞれの先行する原因の結果として現れました。

訪問者　両方とも、宇宙が始まった時点で決定していた。

スピノザ　その通りです。世界の始まりとともに、その後の意識的側面の出来事も、物質的側面の出来事も、両方ともすべて決定しました。

訪問者　つじつまが合っていそうなので、説得力があります。

スピノザ　余談になりますが、心身並行説と似た考えに、随伴現象説[※12]という理論があります。現代科学において、意識には、脳という物質が密接に関わっていることがわかってきました。随伴現象説は、この脳の存在を考慮に入れて、意識と行動の関係[※13]を説明する現代の学説です。もち

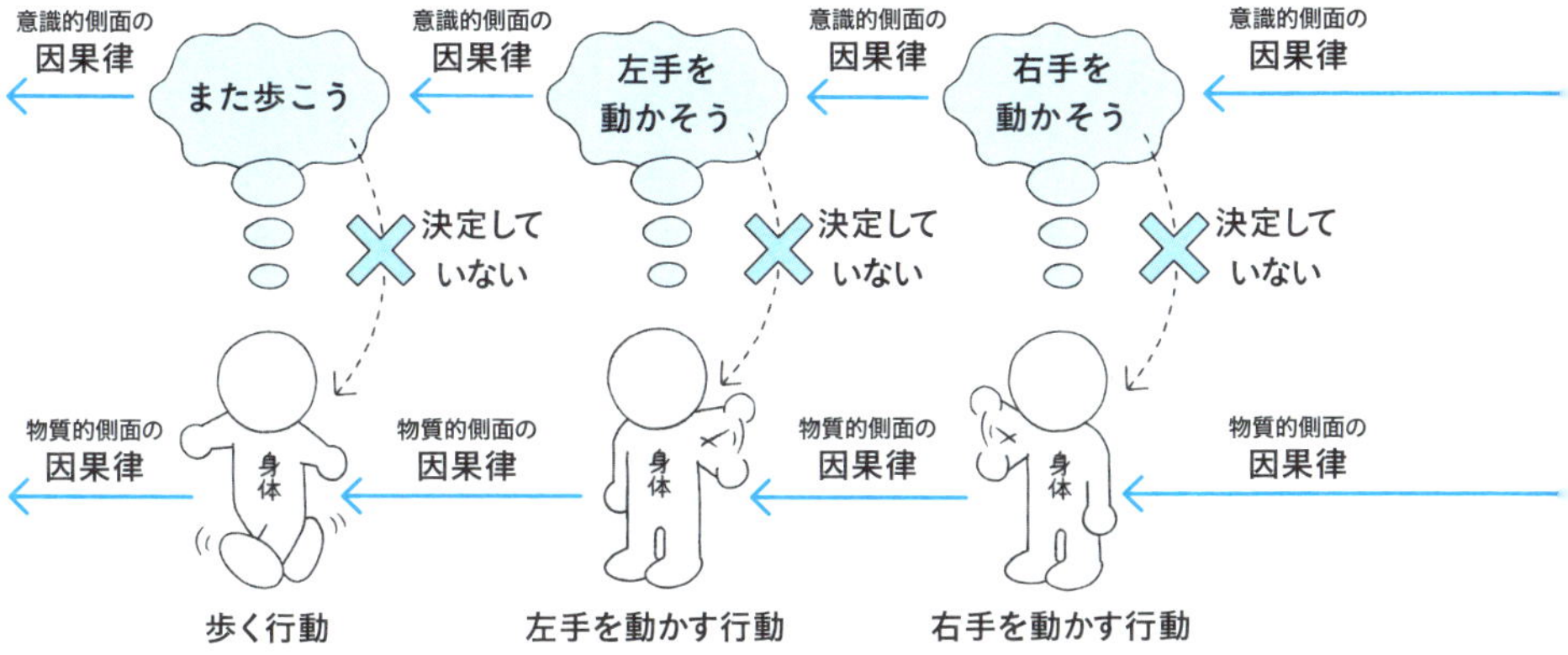

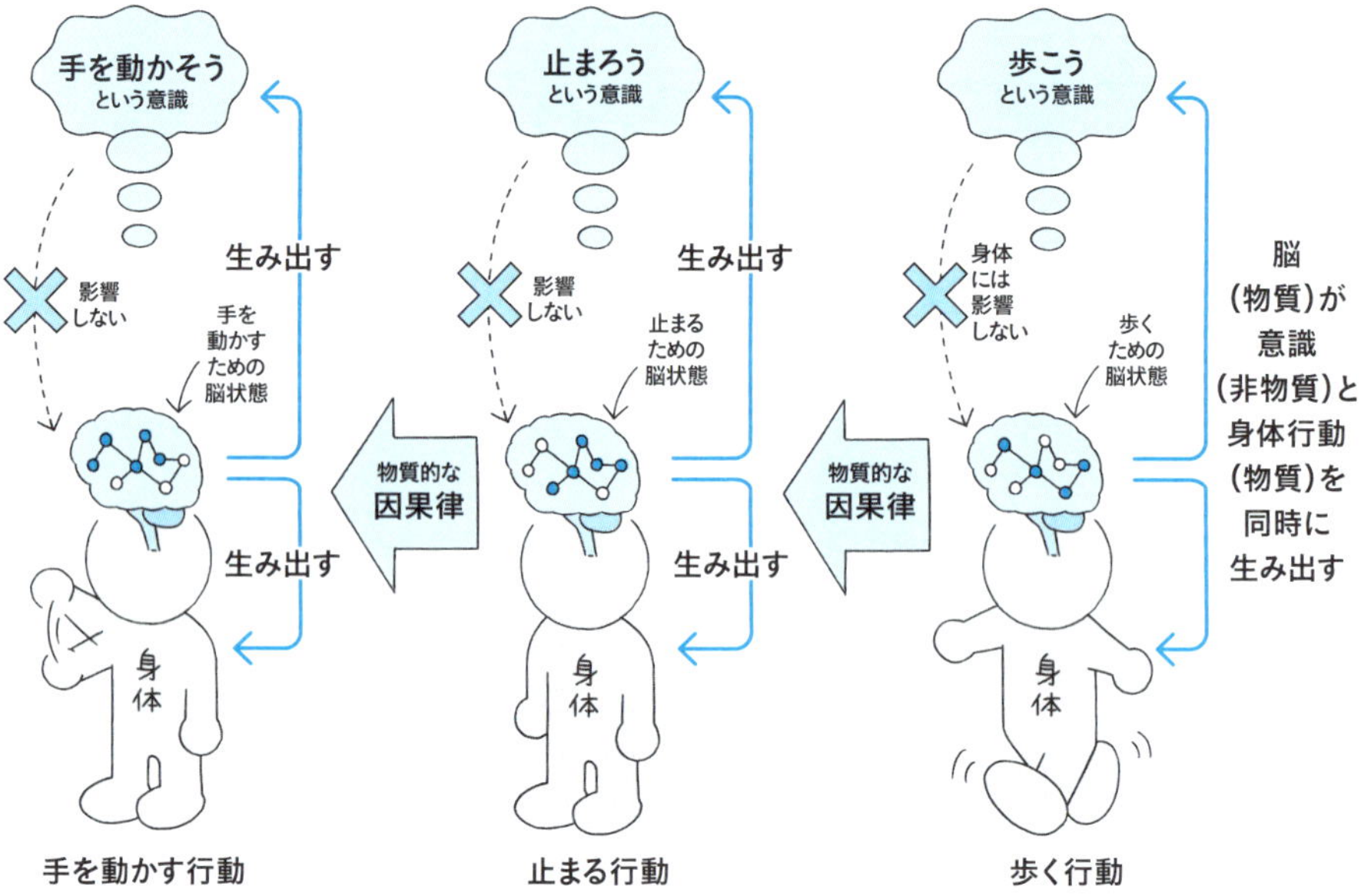

随伴現象説（※12）

脳（物質）が、何らかの物理的な原因で化学反応を起こすと、
それに対応した身体行動と意識が、
二つ同時に生じるとする説を随伴現象説という。
この説によれば、
意識は身体に随伴するだけで、身体（物質）に何ら影響を与えない。
したがって、「物理現象は因果的に閉じている（※07）」ことになる。
この説は、よく「機関車と煙」に例えられる。
機関車（身体）が進むときに煙（意識）が出るが、
その煙は機関車の動きには何ら影響を与えない

13＊心身の関係（まとめ）

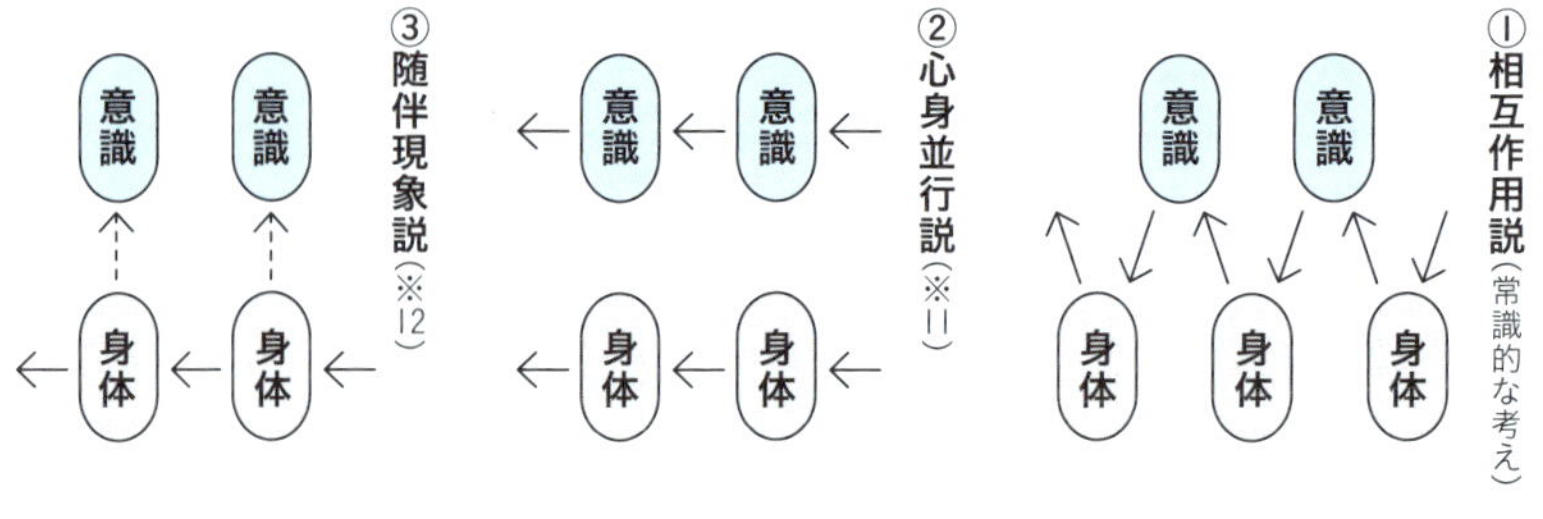

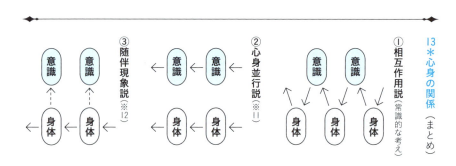

ろん、この説においても意識は行動に影響しません。

※

訪問者　そうだとすると、気になることがあります。

スピノザ　なんでしょう。

訪問者　自分の行動を、自分の意志で決めていないのだとしたら、罪を犯しても、自分のせいではないということになりませんか？

スピノザ　おっしゃる通りです。自分の行動の責任は自分にはない。

訪問者　では自分の行動の責任は誰にあるのですか？

スピノザ　人の行動は因果律という自然法則によって決まるのですから、人の行動は自然[※14]の思《おぼ》し召《め》しです[※15]。そうでしょう？

訪問者　罪を犯しても仕方がなかったということでしょうか？

スピノザ　そうだと言ったら、納得できませんか？　法を犯せば当然罰せられます。ときにはきびしい罰を下されることもあるでしょう。たとえ罰から逃れられたとしても、いずれは「罪」の意識に苦しめられることになる。いえ、法に触れなくても、罪の意識に苦しめられることは多々ありますね。ただ、この世界に自由意志は存在

14＊自然
スピノザのいう**自然**とは、動植物だけを指すのではなく、存在物や現象のすべてを指す。宇宙や世界という意味に近い。

15＊永遠の相《そう》の下《もと》
スピノザは、神（自然）の視点で俯瞰して世界を見ることを「**永遠の相の下**に見る」と表現した。スピノザは、自分の行動が自分の意志によるものと思うことは、石ころが誰かに投げられているのに自力で飛んでいると思い込んでいるようなものだと言う。自分の行動は因果律という物理現象の流れの一コマにすぎない。しかし、その一コマが欠けると、世界は成り立たない。世界を構成するために一人ひとりに与えられた役割を、他人が代わることはできないとスピノザは考えた。

しないわけですから、犯してしまった行為自体は、自分の意志で避けることはできなかったはずです。その人にはその道しかなかった[※16]。

訪問者　理屈ではそうなのかもしれません。でも、受け入れるのは難しいです。

スピノザ　何が正義で何が悪かなど、私たち人間が判断することはできないのではないでしょうか。善悪を判断するには、人間はあまりにも未熟です。日本の仏教にも善悪不二《ぜんあくふに》[※17]という言葉があります。

訪問者　でも、罪を犯してはいけないと思います。

スピノザ　あなたがそう思うのでしたら、あなたは「罪」を犯さないのでしょうね。自然は、あなたをそういう人間として、生かしているのでしょう。自然はあなたに素晴らしい役割を与えたようです。まことに結構なことではないですか。でも、あなたのその喜ばしい立場は、偶然手に入れたものです。幸運でよかった。

訪問者　幸運って、そんな。

スピノザ　あなたは一度も過ちを犯したことがないのですか？　あなたはかつて、誰かを傷つけたことはないし、悲しい思いをさせたこともない。そしてこれからもそんなことはありえない。

訪問者　いいえ。そういうことはあると思います。

16＊スピノザの形而上学的決定論
この世界に起きる現象はすべて自然法則である因果律によるものである。つまり、人が犯す罪も自然現象であり、本人の意志では避けられない必然である。そう考えれば怒りや悲しみなどの感情に振り回されることなく、他者の過ちを許すことができるとスピノザは考えた。

17＊善悪不二《ぜんあくふに》
善悪は表裏一体であり、分けて考えることはできないという日本仏教の考え。

スピノザ　人は何か行動するたびに、意識的であれ、無意識的であれ、他人や自然を傷つけてしまっているものです。

訪問者　はい。それは、その通りだとは、思います。

スピノザ　だったら、自由意志などないと考えた方がいい。もし、過ちを犯してしまったと思ったのなら、その過ちから何らかの意味を感じ取って、次の行動に生かすのみです。[※18]

※

訪問者　もうひとつお聞きしてもよろしいでしょうか。

スピノザ　私に答えられることでしたら。

訪問者　自分の意志（意識）で自分の行動を決めていないのなら、なぜこの世界に意識というものが存在しているのでしょうか？　意識と行動に因果関係がないのなら、そもそも意識など存在しなくてもいいのではないでしょうか？

スピノザ　この世界に、意識というものが存在する意味を知りたいのですか？

訪問者　とても知りたいです。

スピノザ　ご説明しましょう。まず、今、あなたが置かれた状況は、自然があなた

18＊『エチカ』（スピノザ）　『エチカ』畠中尚志訳（岩波文庫）には「後悔とは我々が精神の自由な意志によってなしたと信ずるある行為の観念を伴った悲しみである。（中略）後悔は徳ではない」とある。主観的には、自分の選択は自分の意志によるものだが、「永遠の相の下」（※15）に見れば、あらゆる選択は因果律による必然である。因果律という自然の法則が決めた選択を後悔することは間違っている。むしろその選択（過ち）から何かを学び取ったり、同じ過ちをくりかえさないようにすることで、その過ちは、善を生み出す原因となる。これまでの行動を何かの「結果」として悔やむのではなく、これまでの行動は常に次の行動を生み出す「原因」と考えるべきだとスピノザは考える。

のために用意した状況だと言えますね。

訪問者　はい。今までのお話からすると、私の目の前に広がっている世界は、自然法則（因果律）によってできた必然です。

スピノザ　では、自然という神[※19]は、その状況から、次にあなたにどんな行動をさせるのでしょう。それを考えることができるのは、楽しく、幸せなことですよ。人間に意識がある理由は、自然が自分にどんな役割を与えているのかを知るためだと思います。自然は、何か大切な役割を自分に与えているのか？　そうでないのか？

訪問者　なるほど。でも、自然が私に、何を望んでいるかをどうすれば知ることができますか？

スピノザ　あなたの身体（物質的側面）が自然の一部であるように、あなたの意識（意識的側面）もまた自然の一部です。ですから自然の考えていることは、あなたの意識の中に自然に浮かぶはずです。

訪問者　自然の考えと私の考えは同じということでしょうか？

スピノザ　いかにも。自然の意識とあなたの意識は同じです。[※20]バラバラだった粒子が集まって、個人となったとき、個人は自然の意識を受け取り、与えられた役割に向かって動き出します。ですから、自分がかつて考えたことも、かつて起こした行

19＊神すなわち自然
スピノザは、神は自然（世界）であり、自然は神であると考えた。つまり自分も他人も物事もすべて神の一部ということになる。この汎神論ないしは無神論的な考えは、キリスト教からもユダヤ教からも批判を受けた。なお、物理学者であるアインシュタインは「私はスピノザの神を信じている。その神は、世界をかたち作る調和（自然法則＝因果律）の中に私を表した」との言葉を残している。

20＊自然の意志
スピノザは自然そのものが大きな意志を持っていると考えていた。自分もまた自然の一部なので、自然の意志と自分の意志はシンクロしている。

動も、これから考えることも、これから起こす行動も、それらはすべて自然の考えであり、自然の選択です。自分の考えや行動が、すべて自然の望みであるならば、自分の考えや行動はすべて「善」ということになります。[※21]

訪問者　確かに自然が望んだのなら「悪」ではないような気がします。

スピノザ　自然がこれから自分に何を考えさせ、何を選択させ、どんな一歩を踏み出させるのか？　それを知るのは自分と自然だけです。そうした行動がすべて自動的に「善」だなんて、これを自由と言わずに何を自由と言うのでしょう。

訪問者　夜中にふと目が覚めて、ケーキが食べたくなったら、コンビニに買いに行き、やめておこうと思ったら、そのまま寝ればいいだけ。ということでしょうか？

スピノザ　その通りです。あなたの願望は、すなわち自然の願望。あなたの選択は、すなわち自然の選択。あなたはただ、やりたいこと、正しいと思ったこと、ワクワクすることをやりさえすればいい。すべての人間は自然の一部、いえ自然そのものなのですから。[※22]私は、ありがちな人生訓や、怪しげな自己啓発の話をしているわけではありません。これは幾何学的な論理です。[※23]　（了）

FIN

21＊心即理《しんそくり》（心即《すなわ》ち道理）
儒学者の王陽明を祖とする**陽明学**も、日常の各場面で自分が善いと思ったことをそのまま実行することが「善」であるとしている。

22＊自然（神）の愛
自分の行動のすべてが自然法則によることに気づけば、自分の行動のすべてを愛すことができる。自分は自然という神の一部なのだから、自分（の判断や行動）を嫌えば、神（自然）への裏切りになりかねない。

23＊幾何学的論証
スピノザの主著『エチカ』の副題には「幾何学的秩序によって論証された」とある。エチカの文体は「定義」に始まり、「公理」「定理」と続き「証明」へと帰結する論理的なユークリッド幾何学の形式を採用している。

24＊アルベルト・アインシュタイン
1879〜1955
20世紀を代表する、ドイツ生まれの理論物理学者。チューリッヒ連邦工科大学を卒業後、光量子仮説、ブラウン運動、特殊相対性理論の論文を発表し、1916年に、一般相対性理論を発表した。1921年度のノーベル物理学賞を受賞。ユダヤ系であったため、ナチス台頭後はアメリカに亡命し、アメリカ国籍を取得した。戦後は、イギリスの哲学者バートランド・ラッセルと共に核兵器廃絶や戦争の根絶を訴えた。

25＊ジャン＝ポール・サルトル
1905〜1980
フランスの哲学者、小説家。パリの高等師範学校で哲学を学び、第二次世界大戦中はナチス占領下のフランスで

たとえもしミクロレベルが因果律に従わなかったとしても
アインシュタイン
人間の行動レベルが因果律に従わないことにはなりませんな
そうでしょうか
サルトル
ヴァン・インワーゲン※26という哲学者がこんなことを言っています
スピノザ

仮に決定論が誤りだとします。その場合、私の行動には原因がありません。原因がないのであれば私の行動は偶然行われたことになります。

決定論が真	決定論が偽
私の行動は前提となる原因に決定されている	私の行動は前提となる原因がない
▽	▽
私の行動は私の意志によるものではない	私の行動は偶然行われたことになり私の意志によるものではない
▽	▽
自由意志は存在しない	自由意志は存在しない

単なる偶然なのであれば私の行動は、私の意志によるものではありません。

つまり決定論が真《しん》であっても偽《ぎ》であっても自由意志は存在できない
スピノザ
自由意志がなければ……
サルトル
一体なぜ我々が生きているのかわかりませんね
コトッ
あなたが何をわかろうがわかるまいがそれは関係ありません
スピノザ

レジスタンス運動に参加した。フランスで**実存主義**ブームを巻き起こし、1960年代の日本の学生運動にも大きな影響を与えた。しかしクロード・レヴィ＝ストロースが提唱した**構造主義**が台頭すると、実存主義の影響力は低下していった。

26＊ピーター・ヴァン・インワーゲン 1942〜
アメリカの哲学者。ニューヨークに生まれ、ロチェスター大学で博士号を取得。シラキュース大学を経て、1995年にノートルダム大学の哲学教授に就任する。研究の中心は、形而上学、宗教哲学、行為の哲学。特に自由意志論においては、決定論が真であろうがなかろうが、自由意志は存在しないという自由意志の不可能性を論証した。

27＊ウィリアム・ジェームズ
1842〜1910
アメリカの哲学者、心理学者。ハーバード大学で医学を学び、医学博士号を取得する。哲学者チャールズ・サンダース・パースの思想を継承して**プラグマティズム**を発展させた。日本の哲学者、西田幾多郎に大きな影響を与えた。

28＊プラグマティズム
アメリカの哲学者チャールズ・サンダース・パースが提唱し、ジェームズが発展させた理論。ジェームズは「人間にとって有用な知識が、真理（真実）である」と考えた。そして「真理」は個人によって異なり、客観的な「事実」よりも大切であるとした。ただしジェームズの**プラグマティズム**は、オリジナルであるパースのプラグマティズムとは異なる点が多い。

THE IVORY TOWER

ペンギン出版
う〜ん
書籍編集部
僕が担当した新刊の売り上げよくないな
アマゾンレビューはどうかな?
カタ カタ
うわっ! 星ひとつの評価ばっかりだ!
カスタマーレビュー
★☆☆☆☆ 5つのうち1.2つ
星5つ 2%
星4つ 3%
星3つ 5%
星2つ 10%
星1つ 80%
ここで星の数が少ないと売り上げに影響するんだよな〜
ん? なになに
Amason カスタマー
★☆☆☆☆ 思ってたのと違う!
20XX年X月X日レビュー済み
Amasonで購入
小説だと思ったのにノンフィクションでした。よく確かめないで買うもんじゃないなと思いました! 星ひとつです!
そ それは本に問題があるんじゃなくて確かめないことに問題がある気がするんですが!
Amason カスタマー
★☆☆☆☆ 粗悪品でした
20XX年X月X日レビュー済み
Amasonで購入
注文したら破けてました。もう買いません。星ひとつです。
本の内容と関係ないところで評価を下げないで〜!
Amason カスタマー
★☆☆☆☆ 面白い!
20XX年X月X日レビュー済み
Amasonで購入
今年一、二を争う面白さでした! おすすめです! でも私は本に点数をつけるのは好きではないので、すべての本に平等に星ひとつと決めています。
そんなマイルールやめて〜

おいっ!
新刊売れてないみたいじゃないか!
すみません表紙の色は黄色にしたんですが…
表紙の色を黄色にした?
はい
私の調査では表紙の色は黄色が一番売れます
たぶん書店で一番めだつからだと思われます
表紙で売ろうとするなんて安易だな!
ちゃんと内容で勝負しろ!
ビシッ!
いえ本を購入するのは読む前です
ですから本屋で売れる本は表紙が良い本です
まあ理屈ではそうなんだが
……

それにですね
本の本質は内容ではありません
内容が欲しいならテキストデータのやりとりで十分です
本である必然性はありません
なに？
データの本質は内容です ならば本の本質は内容ではなく別のところにあるはずです そう本の本質はその形態にあるのです
テキストデータの本質はその内容
本の本質はその形態
つまりブックデザインが重要と言いたいわけだ
はい！
その中でも表紙のデザインは特に重要です
古代ギリシアの謎
とにかくデザインにあんまり頼るな それよりこれを見ろ
道に落ちていた
象牙の塔？
この城に有名な哲学者がたくさん住んでるらしい 彼らに直接インタビューして本にしたらバカ売れだぞ！
プラトン？デカルト？カント？サルトル？
そうだ
まさか～
彼らが生きてるわけないじゃないですか～

※客観的事実よりも、感情に訴える虚偽の情報の方が世相に強く影響するという現代の風潮。

OWL'S NEST
ふ～もう限界
うちの編集長は言うこともやることもめちゃくちゃだな
あれか
すごいな

第4章

真の世界

プラトンと名乗る人物
と
イデア論

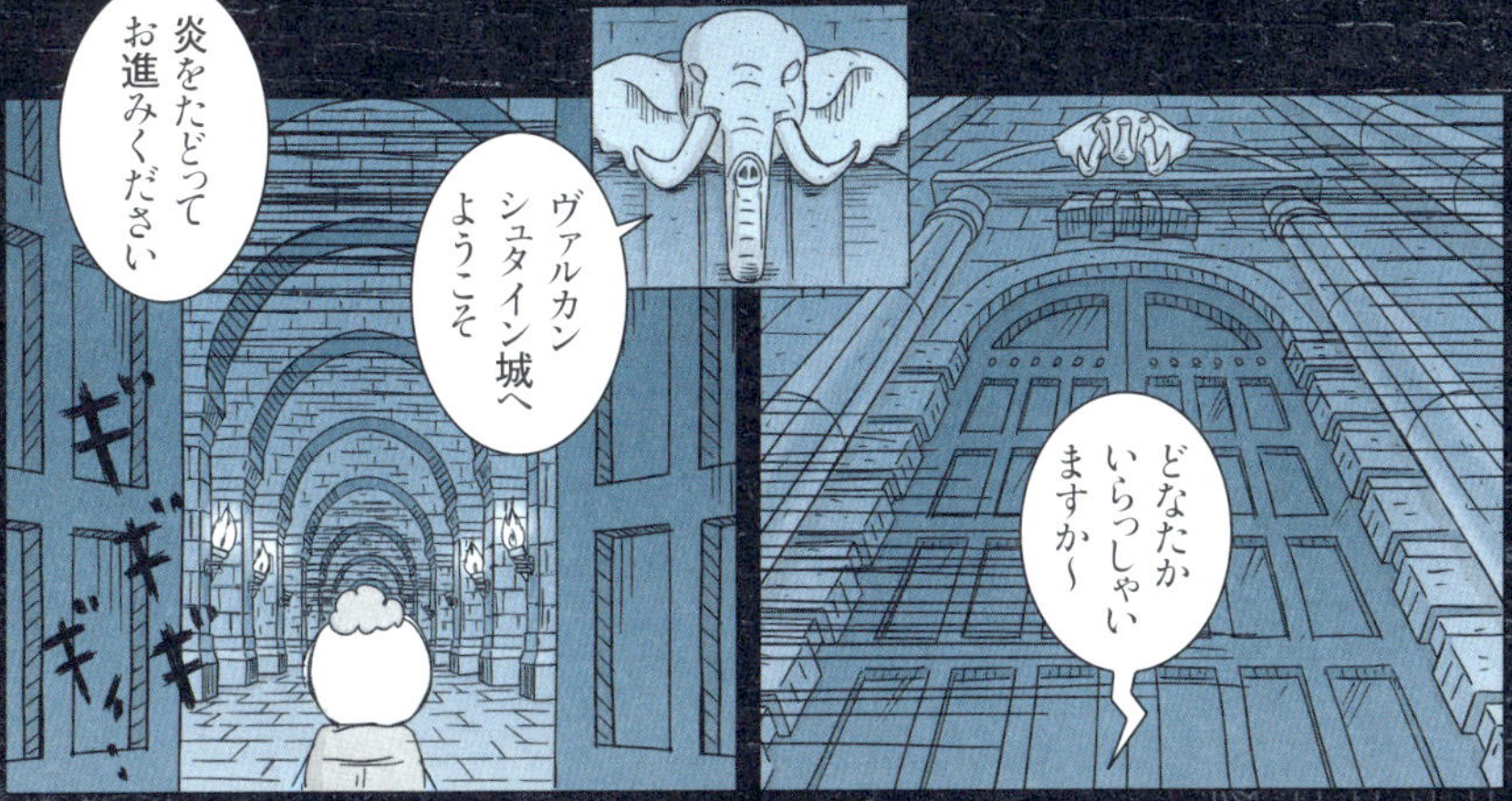

プラトン

前427〜前347

古代ギリシア・アテネの貴族出身の哲学者。
青年期にソクラテスに師事。
ソクラテスが死刑を宣告された後、
アテネに幻滅し、
イタリアやエジプトなどをめぐり歩いた。
帰国後、アテネ郊外に
学問の場であるアカデメイアを設立し、
哲学教育に専念する。
イデア論を中心とするプラトンの哲学は
後の西洋思想に計り知れない影響を与えた。

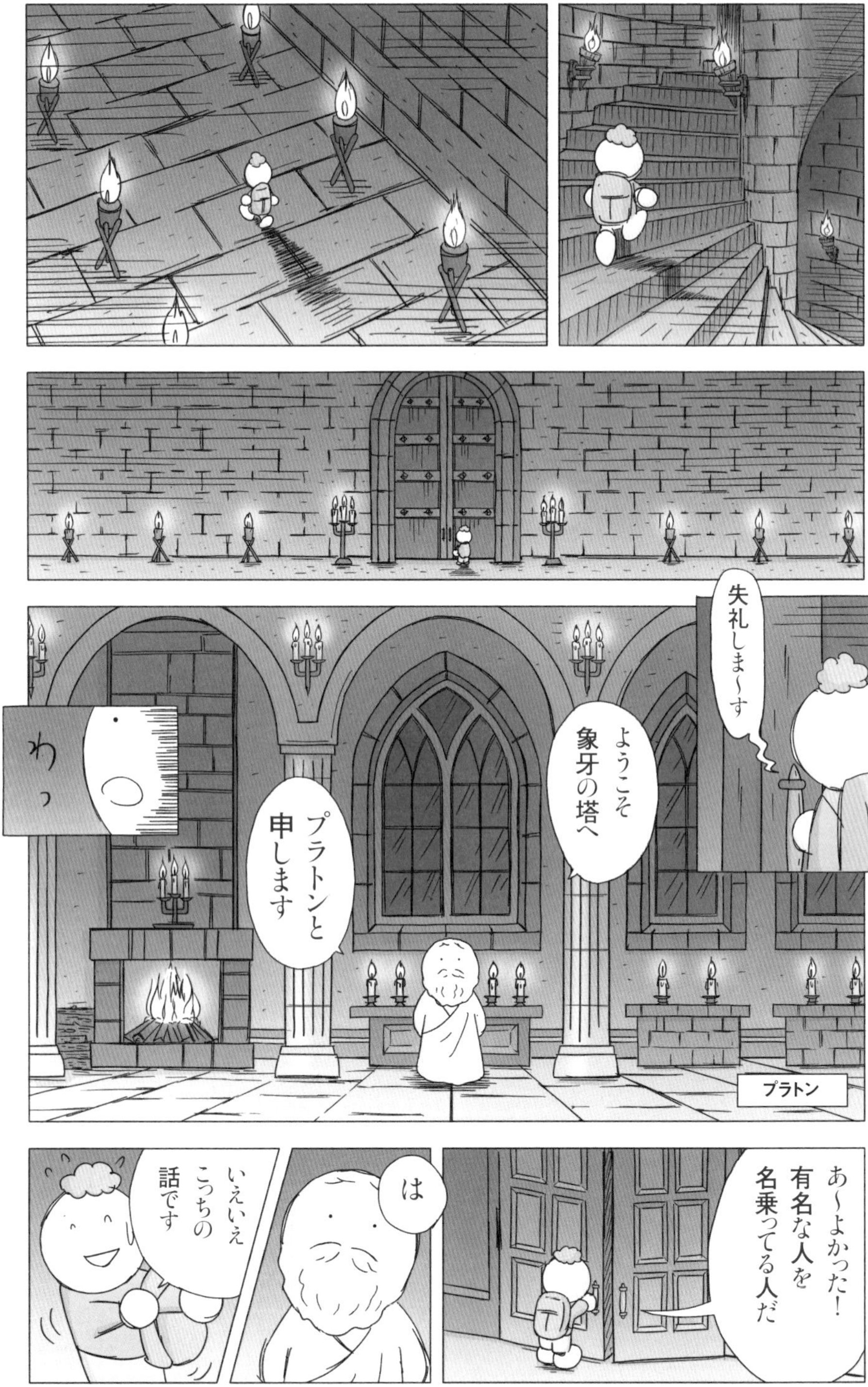
失礼しま〜す
ようこそ
象牙の塔へ
プラトンと
申します
わっ
プラトン
あ〜よかった！
有名な人を
名乗ってる人だ
は
いえいえ
こっちの
話です

訪問者　どうか、お気になさらないでください！

プラトン　哲学にご興味があるとのことですね？

訪問者　そうです。そうです。それを本にしたいんです。手っ取り早く哲学をご教授いただきたいと思いまして。

プラトン　手っ取り早く？

訪問者　はい。要点をかいつまんで教えていただけると非常に嬉しいです。それでもって「10分でわかる哲学」とか「プラトンの哲学用語図鑑」というようなタイトルをつけようかなと。

プラトン　最近はそのような本が多くて困ります。哲学者は言葉を一字一句慎重に選んでいます。言い換えたり、要約したりすると別のものになってしまう。私が哲学を誤って伝えるわけにはいきません。

訪問者　ですよね。いや、全くもっておっしゃる通りだと思うんですが、そこをなんとか、ざっくりとお願いできないでしょうか？

プラトン　ざっくりと……。

訪問者　お願いします。我が社の存亡がかかってるんです。

プラトン　で、ではイデア※01について簡単に語ってみましょうか。

01＊イデア
プラトン哲学の根本用語。実際の眼ではなく、心の眼によって見ることができる物事の真の形。例えば、私たちは、完全な正円というものを実際には見たことがない。なぜなら、いくら高性能なコンパスを使っても、完全無欠な正円は作れないから。でも私たちは正円というものを理解している。この心の中だけにある完全無欠の正円を円の**イデア**という。イデアとは理性でのみ接触し得る事物の本質を指す。プラトンによれば、木には木のイデア、花には花のイデアというように、すべての物事にはその物事のイデアが存在する。なかでも善のイデアが最も重要なイデアだと考えた。

訪問者　イデアですか？

プラトン　そうです。自分で言うのも気が引けますが「すべての西洋哲学は、プラトン哲学への注釈《ちゅうしゃく》にすぎない[※02]」とも言われています。プラトン哲学とは、イデア論のことを指しています。

訪問者　いいですね。ぜひ解説をお願いします。

プラトン　正確さよりも解りやすさを優先します。また、私のイデア論とは異なる考えも、同時に見ていきたいと思います。大雑把《おおざっぱ》にお話ししますので悪しからず。

訪問者　大変結構でございます。

※

プラトン　まず、私の師匠であるソクラテス[※03]から始めましょう。

訪問者　お、いいですね。ソクラテスは有名です。

プラトン　ソクラテスは本を一冊も書いていませんが、ソクラテスの弟子である私、プラトンがソクラテスの言葉を本にしました。

訪問者　メモメモ。

プラトン　ソクラテスの有名な言葉に「ただ生きるのではなく善く生きよ[※04]」という

02＊西洋哲学は、プラトン哲学への注釈にすぎない
イギリスの哲学者アルフレッド・ノース・ホワイトヘッドは「西洋哲学はプラトン哲学への注釈にすぎない」という言葉を残している。この言葉でホワイトヘッドは、あらゆる西洋哲学はプラトンのイデア論に対する問題定義から始まっていることを指摘した。

03＊ソクラテス（一章※21）
前469頃〜前399
古代ギリシア・アテネの哲学者。倫理学の創始者とされる。その思想は、弟子であるプラトンの『対話篇』などに記されている。

ものがあります。

訪問者　「善く生きる」ですか。

プラトン　はい。ここで問題となるのは「善い」とは何を意味するかです。

訪問者　なるほど、なるほど。メモメモ。

プラトン　何を善とし、何を悪とするかは、時代によって、宗教によって、環境によって、人によって違います。そうですよね。

訪問者　はい。その通りだと思います。善悪の考え方はいろいろです。

プラトン　誰かが「善とは、こういうことだ」と言ったら、別の人は「いやいや、善とはこういうことだ」と反論したりする。共産主義は善だと言う人も、そうではないと言う人もいる。死刑制度は善だと言う人も、違うと言う人もいます。

訪問者　そうですね。この前、うちの上司が「善い本とは売れる本のことだ」と言ったとき、僕はぜんぜん違うと言い返しました。

プラトン　はい。そんなふうに、あなたと上司は善に対する考えが全く違います。にもかかわらず、あなたと上司は善について話しあっている。

訪問者　ほんとだ。お互い、何をもって善なのかが全く違うのに、「善」という言葉の意味は通じています。

04＊ただ生きるのではなく善く生きよ
ソクラテスが理想とする人間の生き方。ソクラテスが不当に死刑判決を受け、死刑を受け入れるか、逃げるかの選択をするときの言葉。プラトンの著書『クリトン』にその記載がある。

プラトン　不思議ですよね。善の意味が違うのに、善の意味が通じている。なぜ、そういうことが可能かと言うと、あらゆる「善」には共通する性質※05があるからだと私は考えています。どういうことか説明しましょう。窓の外を見てください。

窓の向こうに見えるのは何でしょう？
木ですね
ではそれは？
これも木です
では
あそこに見えるのは？
木です
それではあれは？
もちろんあれも

05＊共通の性質
プラトンは、あらゆる「善」には共通の性質が存在すると考えた。その共通の性質こそが**善のイデア**である。

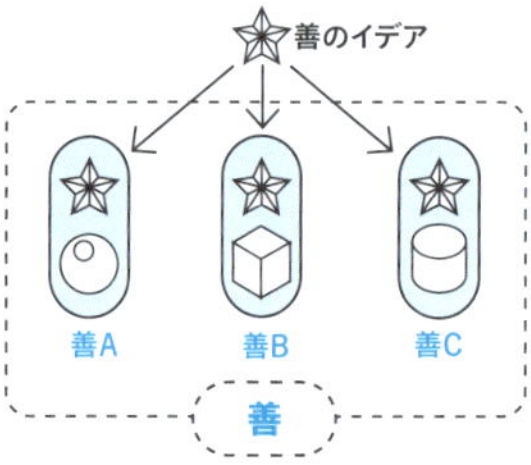
善のイデア
善A
善B
善C
善

「善」という言葉が該当するものすべてに共通の要素（善のイデア）が存在している

訪問者　木です。

プラトン　いかにも。ではなぜ、それぞれ形が全く違うのに、どれも木だとわかるのでしょう？

訪問者　それは……。

プラトン　それは、すべての木に共通する形があるからです。この共通な形を私は木のイデア（真の姿）と呼びます。木のイデアは眼には見えませんが、私たちは木のイデアをあらかじめ知っているのです。

訪問者　なるほど。少々お待ちを。メモします。すべての木には眼に見えない共通のすがた形がある。それを木のイデアという……っと。

プラトン　木だけではありません。馬には馬のイデア、愛には愛のイデア、美には美のイデアというように、あらゆる物事にはその物事のイデアがあります。つまり「善」には「善のイデア」があるのです。

訪問者　なるほど。私たちはその「善のイデア」が

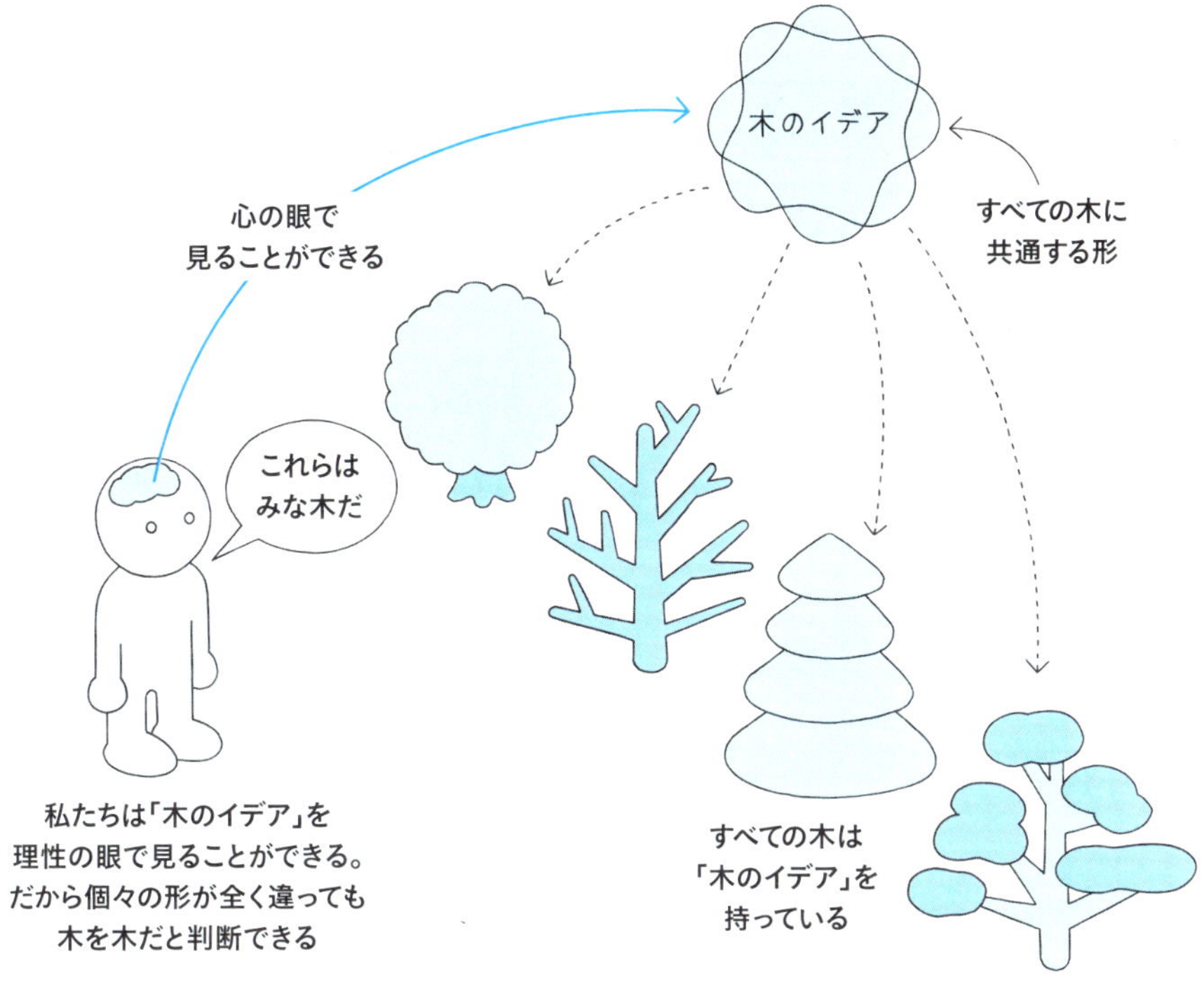
木のイデア
心の眼で
見ることができる
すべての木に
共通する形
これらは
みな木だ
私たちは「木のイデア」を
理性の眼で見ることができる。
だから個々の形が全く違っても
木を木だと判断できる
すべての木は
「木のイデア」を
持っている

どういうものかを知っているというわけですね。

プラトン　そうです。善のイデアという共通認識があるからこそ、私たちは善について考えが全く違う人とでも、善について語ることができるのです。

訪問者　どうして私たちは、善のイデアがどういうものかを知っているのでしょう。

プラトン　人間は、生まれる前にあらゆる物事のイデアを見ていたからです。

訪問者　生まれる前、ですか。

プラトン　はい。あらゆる人の魂《プシュケー》は、その人が生まれてくる前、イデアの世界にありました。あなたの魂も、あなたが生まれる前は、イデアの世界にあった。そこであなたの魂が、ありとあらゆる物事のイデア（真の姿）を見ているのです。

訪問者　私の魂は、生前イデアの世界にあって、そこであらゆるイデアを見ていた。

プラトン　はい。ところが生まれる拍子に人はその大部分を忘れてしまいます。ですからこの世界で物事のイデア（真の姿）を正しく認識することは、難しいのです。

訪問者　なるほど。

プラトン　でも私たちは、イデアを忘れているだけで、知らないわけではありません。理性を研ぎ澄ませば、私たちは、あらゆるもののイデアを思い出すことができるのです。※06 私たち人間には、イデアを認知できる能力が先天的に備わっているとい

06＊想起説

完全な円や正三角形などを私たちは見たことはない（例えばどんなに高性能なコンパスで書かれた円であっても厳密には完全な円ではない）。しかし私たちは完全な円や正三角形がどんな形かを知っている。なぜ、知っているかというと、私たちが生まれる前に、私たちの魂（**プシュケー**）が円や三角形などの**イデア**を見ていて、それらのイデアを思い出すからだとプラトンは考える。この考えを**想起説（アナムネーシス）**という。

うわけです。

訪問者　ちょっと待ってください。メモします。私たちの魂は、生まれる前に、ありとあらゆる物事のイデアを見ていた。だから私たちはありとあらゆる物事のイデアを思い出すことができる……っと。

プラトン　お聞きしたいことがあります。人間は、何かしらの知識や観念[※07]を持って生まれてくると思いますか？　それとも生まれたときは空っぽで、その後の経験だけで知識や観念を得ると思いますか？

訪問者　今のイデアの話を聞くまでは、生まれたときは空っぽだと思っていました。

プラトン　つまり、善悪や美醜の区別は、経験から学ぶと？

訪問者　そう思っていました。

プラトン　実はそこが意見が分かれるところです。私の考えを引き継いだデカルト[※08]は、私と同じく、人間には生得観念[※09]があると考えました。

訪問者　人間は生まれつき、何かしらの知識を持っているということですね。

プラトン　そうです。そう考えることを合理論[※10]と言います。デカルトは、例えば「何が善か悪か」は、生まれつき知っている知識だと言います。私のイデア論に近い。

訪問者　例えば、むやみに人を傷つけてはいけないとか、そういうことは教えられ

07＊観念
心の中にある事物のすべて。

08＊ルネ・デカルト（1章※扉）
1596〜1650

09＊生得観念
経験で持つわけではなく、生まれつき持っている観念。

10＊合理論
生得観念は存在するとし、それをもとに理性的に物事の判断をするべきとする立場。この立場をとる哲学者はデカルトやライプニッツなど、ヨーロッパ大陸の哲学者に多いので**大陸合理論**とも呼ばれる。合理論は、生得観念は存在せず、すべては経験から学ぶとするロックやバークリなどの**経験論**（※13）と対立する。

なくても、生まれつき知っているということでしょうか。

プラトン　そうです。むやみに他人を傷つけてはいけないというような道徳は、経験で知るものではなく、生得観念だとデカルトは考える。その他、1＋1＝2であるとか、平行線は交わらないというような知識も生まれつき知っている。また、半円は完全ではなく正円が完全であるというような「完全の概念」なども、経験で学んだわけではないとデカルトは主張しています。

訪問者　たしかに今おっしゃった辺りは、誰かに教わったわけではなく、生まれつき知っていた知識なのかもしれません。

プラトン　反対に、生得観念を否定したのが、イギリスの哲学者ロック[※11]です。彼は人間の知識はすべて経験によるものだと考えます。

訪問者　1＋1や、平行線は交わらないことや、完全の概念も経験で学んだというわけですか？

プラトン　はい。すべてです。ロックによれば、生まれたての赤ん坊の脳は白紙[※12]です。彼のような考えを経験論[※13]と言います。イギリスの哲学者はだいたいこの経験論を支持しています。

訪問者　さすが英国人、クールです。

11＊ジョン・ロック
1632〜1704
イギリスの哲学者、政治思想家。オックスフォード大学で哲学と医学を学ぶ。ピューリタンであったためオランダに亡命したが、名誉革命後に帰国。『人間悟性論』で**経験論**（※13）を展開した。また『統治二論』では社会契約説を説き、名誉革命を理論的に裏付けた。その思想は、フランス革命やアメリカ独立宣言にも大きな影響を与えた。

12＊白紙（タブラ・ラサ）
イギリス経験論（※13）の立場をとるロックは、生まれたときの人の心は、**タブラ・ラサ**（ラテン語で「何も書かれていない書板」の意味）だと考えた。

プラトン　ロックの少しあとに登場した、イギリスの哲学者バークリ[※14]は、ロックのさらに上をいく経験主義者です。彼は経験できることしか認めません。

訪問者　認めないとは、どういう意味でしょうか。

プラトン　私たちは普通、物事が存在するから、それを経験できると考えます。でもバークリは違います。私たちが経験するから、物事が存在できると考えました。

訪問者　経験するから物事が存在できる？

プラトン　もう一度窓の外の木を見てください。

訪問者　はい。

プラトン　あの木は、あなたと私が眼を閉じている間も、存在していると思いますか？

訪問者　見てなくたって木はあるでしょう。

プラトン　それを論理的に証明できるでしょうか？　できなければそれは単なる想像にすぎません。

訪問者　証明っておっしゃられても。

プラトン　バークリは、あの木が存在できるのは、私たちの誰かが、あの木を見たり触ったり（知覚）して

13＊経験論
生まれ持った知識は存在せず、知識はすべて五感（聴覚、視覚、触覚、味覚、嗅覚）を通じて得た経験によるものだとする考え。この立場をとる哲学者は、ロックやバークリなどイギリスの哲学者に多いので、**イギリス経験論**とも呼ばれる。

14＊ジョージ・バークリ
1685〜1753
アイルランド出身のイギリスの哲学者、聖職者。ダブリンのトリニティ・カレッジで修士号を取得。神学校を作るために渡米したが、資金が集まらず帰国する。カリフォルニア州バークレー市はジョージ・バークリーの名前に由来する。世界の存在根拠を知覚（視覚、聴覚、嗅覚、味覚など）だけに求める徹底的な**経験論**（※13）を展開した。

いるとき、つまり誰かがあの木を経験しているときだけだと考えます。誰も経験していないときでもあの木があるというのは、確かなことではありません。それは私たちの勝手な想像です。

訪問者　そうなんでしょうか?

プラトン　よく考えてみてください。順序として、必ず誰かの経験(知覚)が先にあり、その後に木の存在が続きます。木の存在が先で、経験が後にくることはないはずです。繰り返しになりますが、木があるから誰かがそれを経験するのではなく、誰かが木を経験することで、その木が存在できるのです。[※15]

訪問者　だとすると、あの木だけでなく、この世界そのものが、私たちが経験(知覚)しているから存在できていることになりますね。

プラトン　その通り。私たち人間が認識しなければ、世界は存在できません。つまるところ、人間が存在しなければ、世界は存在できないということです。

訪問者　かなり非科学的な気がします。

プラトン　ところがバークリの説は最新科学と非常に親和性が高い。

訪問者　本当ですか?

プラトン　量子論[※16]をご存じですか?

15＊「存在するとは知覚されていることである」
私たちは、リンゴがそこに存在するから誰かがそれを触ったり見たりしていると考えがちである。しかし、誰かがそのリンゴを知覚しなければ、その存在を証明することはできない。リンゴの存在には、まず知覚が必要である。バークリは、物が存在するから人がそれを知覚するのではなく、知覚することで物が存在すると考えた。彼はこれを「存在するとは知覚されていることである」と表現している。

訪問者　名前だけは聞いたことがあります。

プラトン　量子論は、ミクロの世界の性質を解き明かす科学です。この世界は、眼に見えない粒子が、結びついたり分裂したりして成立しています。ご存じですね。

訪問者　はい。この世界は眼に見えない原子という粒子でできています。

プラトン　そのとおりです。その原子は、さらに小さい電子などの素粒子で構成されています。

訪問者　はい。それも聞いたことがあります。

プラトン　量子論の実験に二重スリット実験[※17]というものがあります。詳細は省きますが、まず初めの実験で、素粒子は物質（粒子）の動きではなく、波の動きをしていることがわかりました。

訪問者　波？　ですか？

プラトン　波の概念は少々難しいのですが、波は、東洋でいうところの「気」のようなもので、物質（粒子）ではないと考えてください。素粒子は物質ではないという実験結果が出たということです。

訪問者　素粒子は物質ではない？　でも素粒子が集まってこの世界はできているわけですよね。だとしたら素粒子は、物質なはずです。

16＊量子論（量子力学）
原子や光などミクロの世界の性質を解き明かす理論。二重スリット実験などで、ミクロの世界は、私たちが見ている世界とは全く異なることが明らかとなった。量子論によれば、ミクロの世界で起きている出来事はニュートン力学では説明できず、アインシュタインの一般相対性理論とも矛盾している。

17＊二重スリット実験
電子など素粒子が、粒子（物質）の性質と波（非物質）の性質の二つを持つことを示す実験。実験には電子銃、写真乾板などを使用する。この実験により、素粒子は、観察者が存在すると粒子（物質）のようにふるまい、観察者が存在しないと波のふるまいをすることが明らかとなった。

プラトン　不思議ですよね。さっそく、観測器を設置して、素粒子がどのように波の動きをしているのかを実際に見ることにしました。これが2度目の実験です。

訪問者　はい。

プラトン　すると、素粒子は、あたりまえのように物質の動きをしました。

訪問者　え？　初めの実験では、素粒子は物質ではなく波だと。

プラトン　はい。素粒子は観測器を設置しないと波（非物質）の動きをします。ところが観測器を設置すると、物質の動きをするのです。つまり素粒子は、誰かに見られていると物質として存在し、誰にも見られていないと物質として存在しなくなるということです。

訪問者　そんな。素粒子は見たら現れ、見なかったら消えるなんて、だるまさんがころんだじゃないんですから。

プラトン　これはまぎれもない科学です。実際、量子コンピュータ[※18]の開発はこの理論のもとに進められています。ミクロの世界では、私たちには理解できないことが起きているようですね。

訪問者　驚きです。

プラトン　素粒子は、誰かに見られていなければ物質として存在していない。世界

18＊量子コンピュータ
量子論を用いて開発されているコンピュータ。現状のコンピュータでは解決できない問題を解決することができるとされている。

はその素粒子が集まってできている。つまり……。

訪問者　世界は誰かが見ていなければ存在できない。

プラトン　バークリの考えと似ていると思いませんか？

訪問者　似てますね。

プラトン　バークリが言うように、知覚する側である私たち人間が存在しなければ、世界は存在できないのかもしれない。

訪問者　なるほど。

プラトン　人間が認識しないと世界が存在できないのなら、世界は人間の意識（心）の中にあると考えられませんか？

訪問者　おっ。いかにも哲学って感じですね。

プラトン　でしょう。哲学に興味がある人は、みんなこの説が大好きです。「世界は人間の意識（心）の中だけに存在している」と考えることを観念論[※19]と言います。バークリは経験論者であると同時に、観念論者でもあります。

訪問者　メモメモ。

プラトン　ここで言う「人間の意識」とは、「自分の意識」と「他人の意識（自分以外の人間の意識）」の二つを指します。

19＊**観念論**

世界を形づくるものの根源は、物質ではなく精神的なものだと考えることを**観念論**という。観念論の中には、世界はイデアの表れであるとするプラトンの観念論や、物事は個人の心の中に存在するとするバークリの**主観的観念論**などがある。バークリは、物が存在するから人がそれを知覚できるのではなく、人がそれを知覚するから物が存在すると考えた。つまり、誰も見ていなければ物は存在しないことになる。しかし、聖職者であるバークリは、たとえ誰も見ていなくても神が常に見ているので、物は存在し続けると結論づけた。ただし哲学史では、ときにこの点は重要視されず、無視されることがある。

訪問者　はい。そうですね。

プラトン　でも、考えてみてください。他人の存在も、物や出来事と同じように、自分の意識の中にあるわけです。つまり「人間」は自分（私）しか存在しません。「人間の意識」とは「自分（私）の意識」と同義語です。おわかりでしょうか？　これを主観的観念論[20]と言います。

訪問者　はい。「世界は人間の意識の中だけに存在している」は「世界は私の意識の中だけに存在している」と言い換えることができます。

プラトン　その通りです。この城も、他人も、自分の手や足も、すべては自分の意識の中にしかありません。今、自分の意識の中になくても、それは過去に自分の意識の中にあったものです。

訪問者　確かに、あなたも、私の手や足も、物も、出来事も、すべては私の意識の中にある。自分の意識の外側に世界が本当に存在していることは証明できない。

プラトン　いかにも。自分の意識の外の世界を見ることは原理的に不可能なのです。自分の意識の外の世界を見たと思っても、それもまた自分の意識の中です。「自分の意識の外に、客観的に実在する世界」は、すなわち自分の意識の中にしかない。

訪問者　もし私の意識の外に世界が実在していないのなら、私が死んだら世界も同

20＊主観的観念論

観念論には、プラトンの**イデア**(※01)**論**、ヘーゲルの**弁証法**(※30)、シェリングの**同一哲学**(※27)など、さまざまな種類がある。観念論の中で、実在（他のものに依存せず、それだけで存在）するものは自分の意識だけであり、世界は意識の中にあるとする立場を**主観的観念論**、または**唯心論**という。

時に消えてしまいますね。

プラトン　はい。この説が正しければ、世界は自分の意識が作った産物です。ですから自分が存在しなければ、世界も存在できません。

訪問者　やはり、そうなってしまいますか。

プラトン　実在しているものは自分の意識だけですから。

訪問者　でも、どうしても、自分の意識の外に、客観的な世界が実在しているような感覚を持ってしまいます。これはなぜなんでしょう？

プラトン　フッサール[※21]という哲学者がその謎の解明に乗り出していますが、長くなるので話を先に進めてもよろしいでしょうか。

訪問者　わかりました。続けてください。

プラトン　有名なドイツの哲学者カント[※22]は、もう少し常識的な考え方をします。カントは世界が実在しないとは考えません。世界は客観的に存在しています。

訪問者　少しほっとするような、残念なような……。

プラトン　彼の世界観をご説明しましょう。もう一度、窓の外の木を見てください。

訪問者　はい。

プラトン　あの木を眼のいい宇宙人が見たらどう見えるでしょうか？　眼がいいと

21＊エトムント・フッサール

１８５９〜１９３８

ドイツの哲学者で、現代哲学の主流の一つである**現象学**を確立した哲学者。フライブルク大学教授。ナチス政権下ではユダヤ系学者として教授資格剝奪、大学立ち入り禁止、著作発禁などの迫害を受けたが、彼の論文の下書きはナチスの検問を逃れて保管されていた。目の前の世界（現象）を追求する現象学は、ハイデガーやサルトル、メルロー＝ポンティらの**実存主義**（１章※17）を生み出した。

言っても並の良さではありませんよ。分子や原子レベルまで見えてしまう眼を持った宇宙人です。

訪問者　原子まで見えてしまうのなら、あの木が、何かこう、原子のかたまりのように見えるのかも。

プラトン　はい。少なくとも私たちのように木の形には見えないはずです。もっと不思議な見方をする宇宙人もいるのかもしれません。

訪問者　そうですね。

プラトン　たとえば私たちが、赤いサングラスをかけたら、あの木は赤く見えます。でももし、人間の眼の構造が、生まれつき赤いサングラスをかけた状態と同じだったら、あの木は初めから、人間にとって、赤い木として存在するわけです。

訪問者　わかります。

プラトン　あるいは、人間の視覚や聴覚や触覚が、あらかじめ酔っ払いのようだったら、私たちはあ

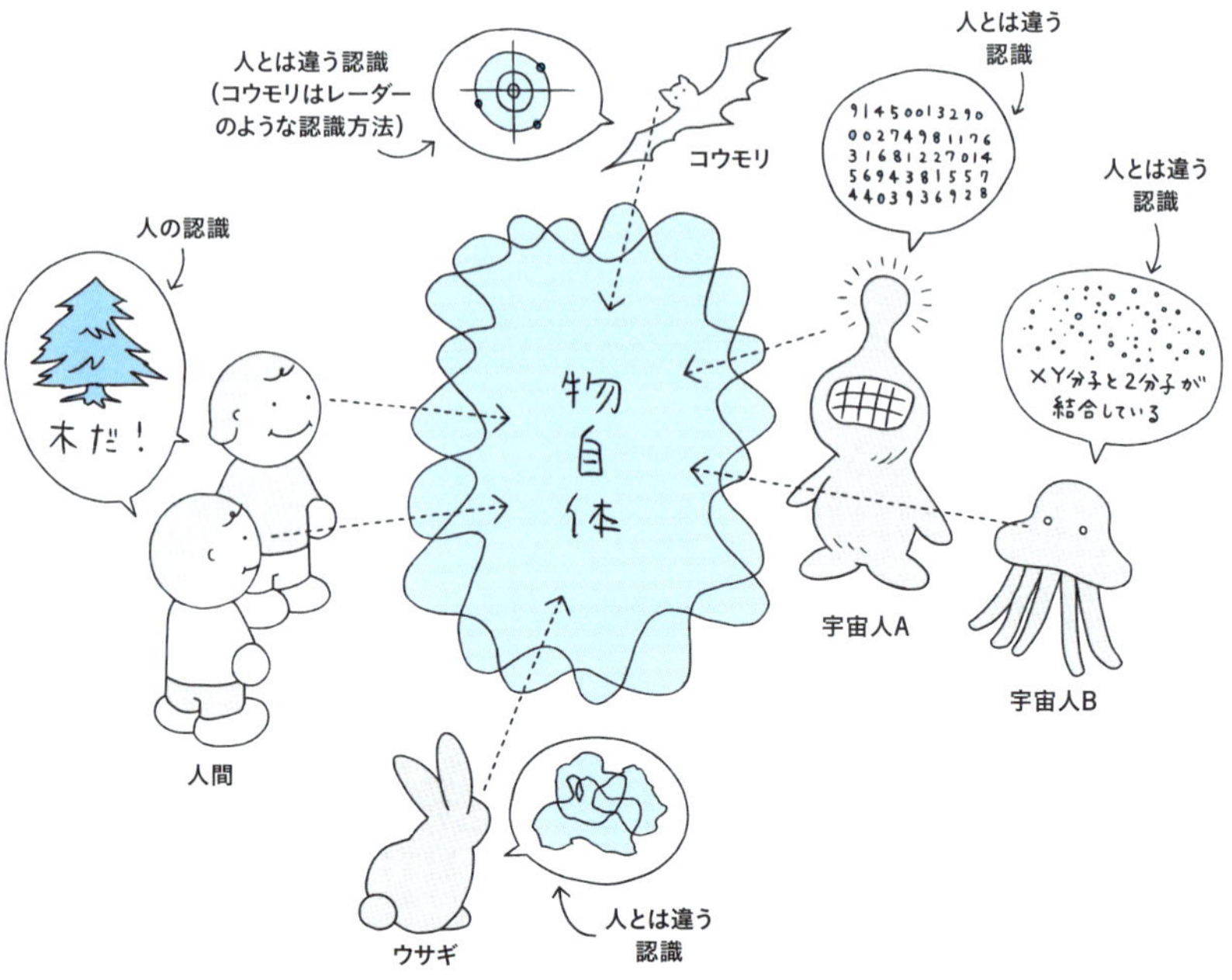

人とは違う認識
（コウモリはレーダーのような認識方法）
コウモリ
人とは違う認識
91450013290
00274981176
31681227014
56943815 57
44039 36928
人とは違う認識
×Y分子とZ分子が結合している
人の認識
木だ！
物自体
宇宙人A
宇宙人B
人間
ウサギ
人とは違う認識

人間には、物自体を認識することはできない
（人間には対象が木に見えていても、他の生物にはどう見えているのかわからない）

の木を歪んでいるものと、信じて疑わない。

訪問者　そうですね。世界はゆらゆらと揺れて、ぐにゃぐにゃです。あるいは世界というものは常にぐるぐる回転しているものだと捉えているかもしれません。

プラトン　それに、私たち人間の多くは、眼や耳や手などで知覚した対象を空間的、時間的に捉えます。また、原因と結果で物事を考えるという性質も持ち合わせています。けれどもそれとは全く違う認識の仕方も、この宇宙にはあるということです。

訪問者　はい。人間とは似ても似つかない認識の仕方もあると思います。

プラトン　人間は世界を正しく認識しているか？　決してそんなことはありません。人間は、人間独特の認識方法でしか世界を捉えることができないのです。カントに言わせれば、世界（物）は確かに実在している。しかし人間は、世界（物）の「真の姿」を見ることはできない。おわかりでしょうか。ここ、重要なところです。

訪問者　はい、理解できます。

プラトン　カントは物の真の姿を物自体※23と呼びます。「人間は物自体に行き着くことはできない」。カントの主張です。もし宇宙に人間が存在していなかったら、宇宙はこんな姿をしていない。

訪問者　でも人間は高度な生き物だと思います。昆虫や魚に比べればかなり正確に

22＊**イマヌエル・カント**
1724〜1804
ドイツの哲学者。東プロイセンのケーニヒスベルク生まれ。馬具職人の父を持つ。ケーニヒスベルク大学で教授、学部長、総長を歴任した。故郷から出たことはなく、起床から就寝まで規則正しい生活を送った。大陸合理論とイギリス経験論を総合し、**ドイツ観念論**を生み出す。人間の感覚器官では物自体を認識することは不可能とする**批判哲学**を展開した。

23＊**物自体**
人間の感覚（視覚、聴覚、触覚、味覚、嗅覚など）で認識できる対象（現象）の背後にある真の実在。カントは、人の認識能力では**物自体**を認識することはできないと考える。

宇宙の姿を捉えているのではないでしょうか？

プラトン　私自身はそう思います。[※24]ただ、ドイツの哲学者ニーチェ[※25]などは、高度とか低度といった尺度は人間ならではの価値観にすぎないと言います。宇宙に人間が存在しなかったら、高いも低いもありません。昆虫には昆虫の世界の捉え方がある。人間には人間の捉え方がある。[※26]ただそれだけのことです。

訪問者　なんだか残念です。世界は見たままの姿形をしていると思っていました。

プラトン　残念に思いますか？　実は「人間は物自体に行き着くことはできない」というカントの考えは、間違いだという哲学者は大勢います。

訪問者　どう間違いなのでしょう？　間違いとは思えません。

プラトン　例えば、同じくドイツの哲学者シェリング[※27]はこう考えます。「私」は自然の一部であり、自然と一心同体。だから「私」が認識する自然が、自然の本当の姿なのだ……と。つまり、世界はあなたが認識した通りの姿をしています。

訪問者　なかなか芸術的な発想ですね。

プラトン　はい。シェリングにとって、あなたが実際に経験できるリンゴと、リンゴの物自体は同じということになります。

訪問者　見えたままでいいんですね。

24＊想起説（※06）
人間は、生前にあらゆる物事のイデアを見ているので、人間は、物事の真の姿を捉えることができるとプラトンは考える。

25＊フリードリヒ・ニーチェ
1844〜1900
ドイツの哲学者。20代半ばにしてバーゼル大学の教授になったが、学会から批判されて大学を辞職。生涯独身のまま著述に専念した。発狂して55歳で死去。近代的な科学的思考によって「神は死んだ」と説いた。

26＊遠近法主義
それぞれの立場や条件によって物の見方は変わるので、客観的な認識は不可能というニーチェの考え。

27＊フリードリヒ・シェリング
1775〜1854

プラトン　フランスを代表する哲学者ベルクソン[※28]の考えはこうです。動物、例えばミツバチは、長い進化の過程で、本能を発達させてきました。ですからミツバチは意識的に本能を操ることができます。ところが人間は進化の過程で本能よりも知性（脳）を発達させてきた。

訪問者　はい。人類は他の動物に比べて、本能より知性が発達していると思います。

プラトン　進化の過程で本能よりも知性を発達させてきた人間は、ミツバチのように本能を意識化できるようにはなりませんでした。しかし人間の知性は、直観[※29]という形で本能を意識化できるようになった。人間はその直観で「物自体」を捉えるとベルクソンは考えます。例えば、あなたが「リンゴとはこういうものだ」と直観したとしたら、それがリンゴの真の姿（物自体）ということです。

訪問者　これからは自分の直観を信じることにします……。

※

プラトン　弁証法[※30]という手法で、人類の未来を予測したヘーゲルというドイツの哲学者は、カントが気づかなかった、あることに気づきます。

訪問者　気になります。

ドイツ観念論の哲学者。イェーナ大学、ベルリン大学哲学教授。精神と自然の統一を芸術に見いだした。自らを**スピノザ主義**（3章※19参照）と称し、自分も自然も絶対者である神の一部だとする**同一哲学**を主張した。「心は眼に見えない自然であり、自然は眼に見える心である」と表現している。

28＊アンリ・ベルクソン
1859〜1941
フランス・パリ生まれの哲学者。父はユダヤ系の作曲家でピアニスト。コレージュ・ド・フランス教授。1927年、ノーベル文学賞受賞。**イマージュ**、**純粋持続**、**エラン・ヴィタール**といった独自の概念をもとに、心、物質、時間、進化などを研究した。ナチス政権下、パリの自宅で死去。

プラトン　カントは、人間はいつまで経っても物自体を認識することはできないと考えましたね。

訪問者　はい。「人間は物自体に行き着くことはできない」ですよね。

プラトン　そうです。つまりカントは、人間の認識能力（物事を理解する力）は、固定したまま変化しないと考えました。でもヘーゲルは、そうは考えませんでした。人間の認識能力は、どんどん進化していくと言うのです。

訪問者　どういうことでしょうか？

プラトン　ご説明しましょう。例えば、普通の人がリンゴを見るのと、リンゴ農園の人がリンゴを見るのとでは全然違うと思いませんか？

訪問者　そうですね。リンゴ農園の人は、ひと目、リンゴを見ただけで、そのリンゴの産地とか、いつどんなふうに食べたら一番美味しいとか、すぐにわかってしまいそうです。

プラトン　はい。リンゴ農園の人は、そのリンゴが何を考えているのか、そんなことまでわかってしまうかもしれません。

訪問者　ええ。リンゴ農園の人は、普通の人よりも、リンゴに対してずっと深い見方をしていると思います。

29＊直観
ベルクソンによれば、よりよく生きるために知性を進化させたのが人間で、本能を進化させたのが動物である。そして人間の知性で、動物の本能を意識化したものが直観である。ベルクソンは、この直観（＝本能）を使えば、カントが到達不可能とした**物自体**の認識が可能になるとした。

30＊弁証法
矛盾する事柄を、統一することによって、高次元の結論へ導く思考方法。ヘーゲル（1章※22）が定式化した。ある考えがあれば、それには必ず対立する考えがある。これを否定せず、取り入れて統一し、新たな考えを作り出せば、一つ高い次元の知識が完成する。繰り返していけば、いつかは**絶対精神**（※31）を手に入れ、真

プラトン　でしょう。でも、リンゴ農園の人だって、初めはリンゴに対して人並みな見方しかしていなかったはずです。美味しいリンゴを作ろうと、剪定《せんてい》や草刈りをしたり、肥料や薬を与えたり、一つひとつ袋がけをしたり、均等に日が当たるように実を回転させたり……。そうするうちに、リンゴに対して、みんなが気がつかないところまで気がつくようになっていく。

訪問者　毎日リンゴに関わるにつれて、リンゴに対する認識能力がどんどんと磨かれていくというわけですね。

プラトン　はい。それをずっと続けていくと、いつかはリンゴの真の姿、つまりリンゴの物自体まで捉えられるようになっていく※31。

訪問者　すばらしい。リンゴ農園の人にとって、リンゴはどんな姿形をしているんでしょうね。

プラトン　お気づきのように、物自体という考え方は、ある意味、イデア論を継承しています。ここでは「物自体」を「イデア」と言い換えてもいいでしょう。

訪問者　そうですね。物自体はイデアの概念に似ているように思います。

プラトン　何かを経験すればするほど、その何かに対する認識能力は磨かれる。積んでは崩れ、積んでは崩れる石の山と向き合ううちに、うまく積めるようになる※32。

理（**物自体**）に到達できるとヘーゲルは考えた。

31＊絶対精神
さまざまな経験と共に、自らの中で**弁証法**（※30）を繰返していけば、いずれ**物自体**をも捉える**絶対精神**が手に入るとヘーゲルは考えた。

32＊葛飾北斎は、75歳のときに、以下の言葉を残した。「私は6歳の頃から物を写生する癖があった。50歳の頃から数々の画図を発表してきたが、70歳以前に描いたものは取るに足りないものだった。ようやく73歳で鳥獣虫魚草木の形を悟ることができたので、80歳になったらもっと向上し、90歳でその奥意を極め、100歳で神妙の域に至るのではないか。110歳になれば一点一格が生きているようになるだろう」

石山の核心、つまり石山のイデア（物自体）を掴むからです。他者と議論したり、助け合ったりしながら、向き合うとなおいい。そういう経験をさまざまな物事に対して重ねていくうちに、人はさまざまな物事のイデアに近づいていくわけです。

訪問者　うちの上司は、いつも売り上げのデータと睨《にら》めっこしているんですが、折れ線グラフのイデアにでも近づいてるんですかね。

プラトン　何の変哲もないグラフから、何かすごい気づきを得るかもしれませんね。

訪問者　それはない気がします。でもとにかく、いろんなことに関わっている人は、いろんなもののイデアが見えるようになっている人のような気がしてきました。

プラトン　あなただって、自分の仕事に携わるうちに、段々と、物事の見方が深まっているはずです。

訪問者　私ですか？　私は、ぐうたらで、時間を無駄にしてばかりです。身になるような経験はあまりできていないように思います。どちらかというと、うまくいっているときより、停滞しているときの方が多い。こんな私でも、物事に対する認識能力は磨かれていくのでしょうか？

プラトン　多忙だった俳優やタレントが「あのころのことは、ほとんど覚えていない」と昔を振り返るのを見たり聞いたりしたことはありませんか？

33＊魂への配慮
魂に関心を持たず、富や名誉や健康ばかりに関心を持つことをプラトンの師であるソクラテスは「魂（プシュケー）への配慮がたりない」と表現した。

34＊デカルト（1章※扉）は、滞在先のオランダで、孤独な生活をしながら、4年の歳月をかけて『宇宙論』を執筆した。しかしこの書は、キリスト教的世界観と相反したため、出版を断念せざるをえなくなる。この挫折は後に主著『方法序説』を生み出すこととなる。

35＊スピノザ（3章※扉）は、自然が神だとする無神論的な思想を唱えたため、ユダヤ教からもキリスト教からも非難され続けた。こうした状況の中、その後の西洋思想に計り知れない影響を

訪問者　はい。昔、超売れっ子だった人は、よくそう言うように思います。

プラトン　毎日が充実しているのは、とても良いことですね。ただ、経験したことをすっかり忘れてしまったら、元も子もありません。仕事や生活に追われて、スケジュール帳がいっぱいな時期に魂を磨くのは、むしろ難しいのかもしれません。[※33]

訪問者　たしかに、忙しかったときよりも、停滞していたときの記憶の方が、強く心に残っているような気がします。忙しかったときの記憶はほとんどないかも。

プラトン　この城に住んでいるデカルト、[※34]スピノザ、[※35]キルケゴール、[※36]ニーチェ、[※37]ジェームズ、[※38]ヤスパース、[※39]西田幾多郎[※40]……、みんな、出口の見えないトンネルの中で何年も苦しみました。自分の研究が全く進まなかったり、精神の病に冒されたり、後悔の念にかられたり……。たいそう辛い経験をしています。

訪問者　哲学者は、常に悩んでいるイメージがあります。

プラトン　繊細で傷つきやすいのかもしれません。でも、そうした決して強くない心が、不本意な時間を重ねると、物事に対する認識力は研ぎ澄まされていく。現に彼らは、辛い停滞のあと、真理とも思えるようなことに気づいた。

訪問者　ちょっと安心しました。

プラトン　もちろん、人とは違う何か特別なことをしたり、誰も行ったことがない

与えた『エチカ』は執筆された。

36＊キルケゴール（5章※01）は、長兄以外の兄姉5人が34歳までに亡くなっていたので、自身も34歳までに死ぬと信じていた。28歳のとき、婚約者がこの不幸な運命の巻き添いにならないようにと、自ら婚約を破棄する。この一方的な婚約破棄が原因で、大衆から人格攻撃を受ける。この経験は彼の哲学に大きく影響した。

37＊ニーチェ（※25）は、若くしてバーゼル大学の教授となった。しかし学会から非難を浴び、偏頭痛を伴う体調不良が続いた。そのため、失意のうちに大学を辞職する。しかしこの後、静養しながら思索に没頭し、歴史に残る多くの哲学書を執筆した。

場所に行くことは素晴らしい体験です。停滞せずにそれができたら本当に楽しいし、幸せですよね。でも現代人は、そうした経験から自分がどう考えるか、どう感じるかよりも、他人からどう見られるかばかり気にしているようです。SNSでいくらキラキラアピールをしたって、世界がキラキラしはじめるわけではないし、自分が変わるわけでもない。そういう人は、歳をとって自分が注目されなくなると、その虚しさや悔しさが顔にでる。だから本を読んだり、音楽を聴いたり、一人で考えごとをする時間は削らない方がいい。その楽しさを知れば、年齢も他人も関係ないですからね。カントは、自分の生まれ故郷から生涯出たことはないし、ほとんど同じ日程で地味な一生を送りました[※41]。にもかかわらず近代哲学の最高峰と言われる哲学を打ち立てた。作家や哲学者は、実際の体験からではなく、過去に読んだ本の影響や、思索だけで本を書くことが多い。

訪問者 「実際に動き出さなきゃ何も始まらない」という言葉もよく聞きますが。

プラトン あなたが編集している自己啓発書にでも書いてある言葉でしょうか？ もちろん行動することは大事です。自分が実際に動き出さずに、何かが都合よく勝手に起こることは絶対にない。でも、動き出す前の充電の時期から、ことはすでに始まっています。充電の時期をたっぷりと取るという選択肢はあっていい。一見む

38＊ジェームズ（3章※27）は、奴隷制度に反対していたが、奴隷解放を掲げる南北戦争への参加を躊躇した。ジェームズはこれを強く悔やむ。ハーバード大学で医学の学位を取得したが、重篤な精神疾患を患い医学の道を断念。しかしその後、心理学と哲学の道を進み、アメリカを代表する心理学者、哲学者となった。

39＊ヤスパース（1章※16）の妻はユダヤ人であったため、強制収容所へ送致されることとなった。二人はこれに抵抗。自宅に立てこもり、自殺を考える。まさに**限界状況**（1章※15）であったが、戦争が終焉に向かい、送致を免れた。

40＊西田幾多郎（6章※扉）の人生は、最愛の姉の死、弟の戦死、相次ぐ子供たち

だに思える時間に神は宿る。[※42] いずれ何かをやりたくなるときがきっと来るはずです。動き出すべきはそのとき。遅すぎるということは、ほとんどありません。

訪問者　わかりました。そのときは精一杯頑張ります……。

プラトン　とはいえ、アメリカを代表する哲学者にして、心理学者のジェームズ[※38]によれば、やる気は、実際に何かをやり始めないと出ないそうですよ。[※43]「そろそろかな」と思ったら、とりあえずなんでもいいから、見切り発車で行動するといい。人間は一度に一つのことしか考えられないそうです。[※44] ですから何かを始めさえすれば、それに連なるように、自動的にやる気が出てきます。何事も辛いのは始めだけ。[※45] すぐに軌道に乗ります。そこから先の体験は、それはそれは楽しいし、新しい仲間とも出会える。まずは最初の一歩からです。

訪問者　なるほど。やるときは完璧を目指さず、見切り発車を心がけてみます。

プラトン　とにかくどうであれ、人は死ぬ直前まで色々な経験をします。たとえ年老いて身体の自由が利《き》かなくなったとしてもです。身体の自由が利かなくなれば、人は若いころとはまた違った経験の仕方をしますからね。今度は身体ではなく、だんだんと心で経験するようになるわけです。ますます認識力に磨きがかかると言ってもいい。そうやって人は皆、歳と共にイデアに近づいていく。

の病死など悲哀に満ちている。西田自身、「哲学の動機は悲哀でなければならない」と言い残している。

41＊カント（※22）は80歳で亡くなるまで、故郷のケーニヒスベルクを離れることはなかった。

42＊テオリア（観想）
プラトンやアリストテレスは**プラクシス**（実践）よりも**テオリア**を重んじた。テオリアとは深く思い入ること。セオリーの語源である。

43＊末梢起源説
ジェームズは、身体反応がまず先に起こり、後からその身体反応に見合った感情が脳で作られるとする**末梢起源説**を唱えた。この説によれば、とりあえず何か行動を起こせば、感情（やる気）は後からついてくる。

訪問者　死の直前まで認識能力が発達するのなら、歳を取るのも悪くなさそうです。

プラトン　はい。生きるとは、自分の認識を広げていくこと。知能の成長には限界がありますが、魂の成長は最後まで続きます。だんだんと若いころには見えなかったものが見えるようになっていく。そして最終的に人は「世界」のイデアを捉えるはずです。世界のイデアを認識するとき、人は眼や耳といった実際の感覚器官を使うわけではありません。眼では見えない形を見たり、耳では聞こえない声を聞いたり、手では触れられないものに触れることで、この世界の真の姿を知るのです。

訪問者　すごい。

プラトン　そしてこの世界の真の姿を知ったとき、なぜこの世界に自分が置かれたのか、その本当の意味を知る。言い換えれば己のイデアを知るのだと思います。

訪問者　いつかは「世界とは何か」そして「自分とは何か」を知ることができるんですね。「ああ。こういうことだったのか！」といった感じでしょうか？

プラトン　ええ、そうですね。そうだと思います。そのとき「これが善[※46]というものなのか」という気持ちになれたらいいですね。（了）

FIN

44＊フィルター理論
イギリスの認知心理学者ドナルド・ブロードベントは、人間は、一度に一つの情報の流れしか、認知のフィルターを通過させられないとした。

45＊始めは全体の半ば
プラトンの著書『法律』には「始めは全体の半ばである」（始めてしまえば半分終わったも同然）とある。

46＊善のイデア
プラトンは、個々のイデアの頂点に存在する究極のイデアが**善のイデア**だと考えた。善のイデアは、あらゆるイデアに善という性質を与えるイデアであり、「イデアのイデア」だとした。なお、プラトンは歳を取るにつれて、肉体的な欲望から解放されて徳が高くなり、善のイデアに近づくと考えた。

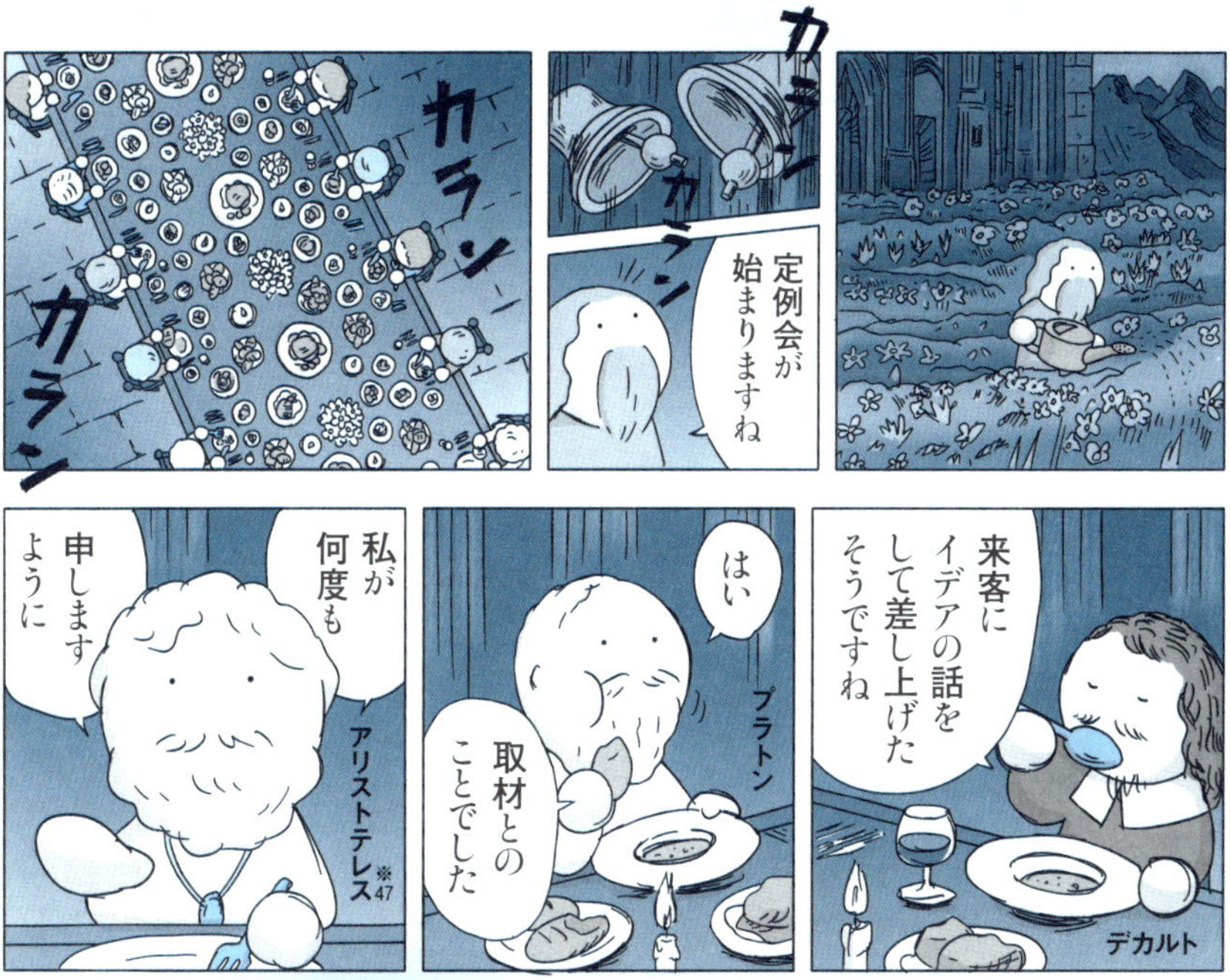

イデアという
実際に見たり聞いたり
触れたりできないものを
追求するより
実際に見たり聞いたり
触れたりできるものを

探求するべきだと
思うのです

47＊アリストテレス
前384〜前322
古代ギリシアの哲学者。自然学、論理学、倫理学、政治学、形而上学など、さまざまな学問の基礎を作り上げたことから「万学の祖」と呼ばれる。17歳のときにアテネに行き、プラトンのもとで約20年間学ぶ。その後、マケドニアでアレクサンドロス（後のアレクサンドロス大王）の家庭教師になるも、アレクサンドロスの即位に伴い、再びアテネに戻る。物事の本質を眼に見えないイデアに求めたプラトンに対して、本質は各個物の中にあると主張。現実主義、経験主義的な哲学を展開した。ただしアリストテレスは、観想的生活（世俗を離れ、読書や思索に時間を割いて生活すること）を理想的な生き方とした。

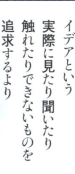

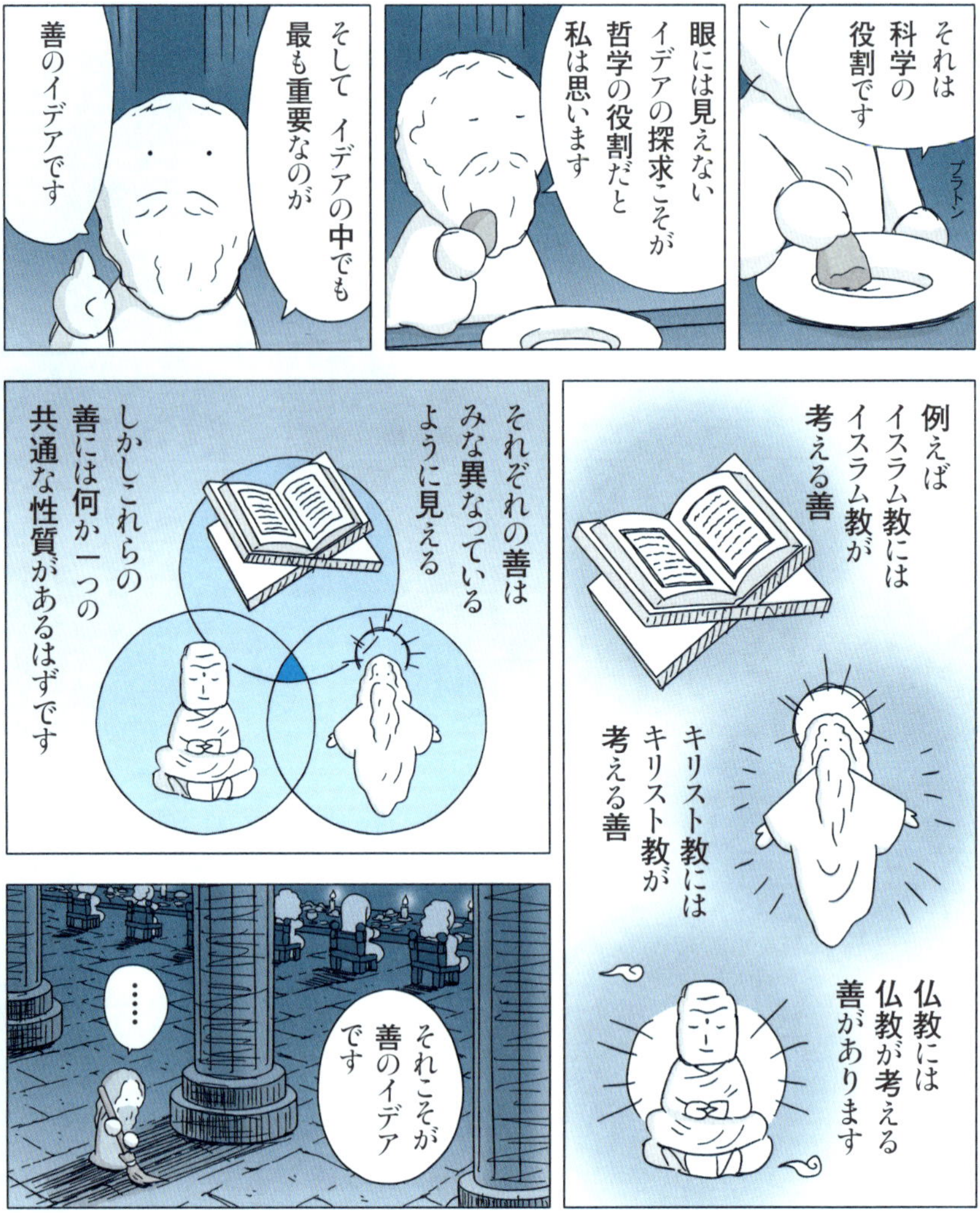
それは科学の役割です
プラトン
眼には見えないイデアの探求こそが哲学の役割だと私は思います
そして　イデアの中でも最も重要なのが
善のイデアです
例えばイスラム教にはイスラム教が考える善
キリスト教にはキリスト教が考える善
仏教には仏教が考える善があります
それぞれの善はみな異なっているように見える
しかしこれらの善には何か一つの共通な性質があるはずです
……
それこそが善のイデアです

48＊善のイデアの探求
プラトンは人間にとって最高の価値は善であると考えた。そして**善のイデア**(※46)の探求こそが人間の最も重要な課題だと主張した。

49＊ルートヴィヒ・ウィトゲンシュタイン(1章※26)
1889〜1951
イギリスで活躍した哲学者。

50＊家族的類似
ウィトゲンシュタインの『哲学探究』に登場する哲学用語。家族全員に何か一つの共通する特徴がなくても、父の耳が兄の耳に似ていて兄の眼が母の眼に似ていて、母の鼻が妹の鼻に似ていれば、家族全員、何となくみんな似ているように見える。これを**家族的類似**

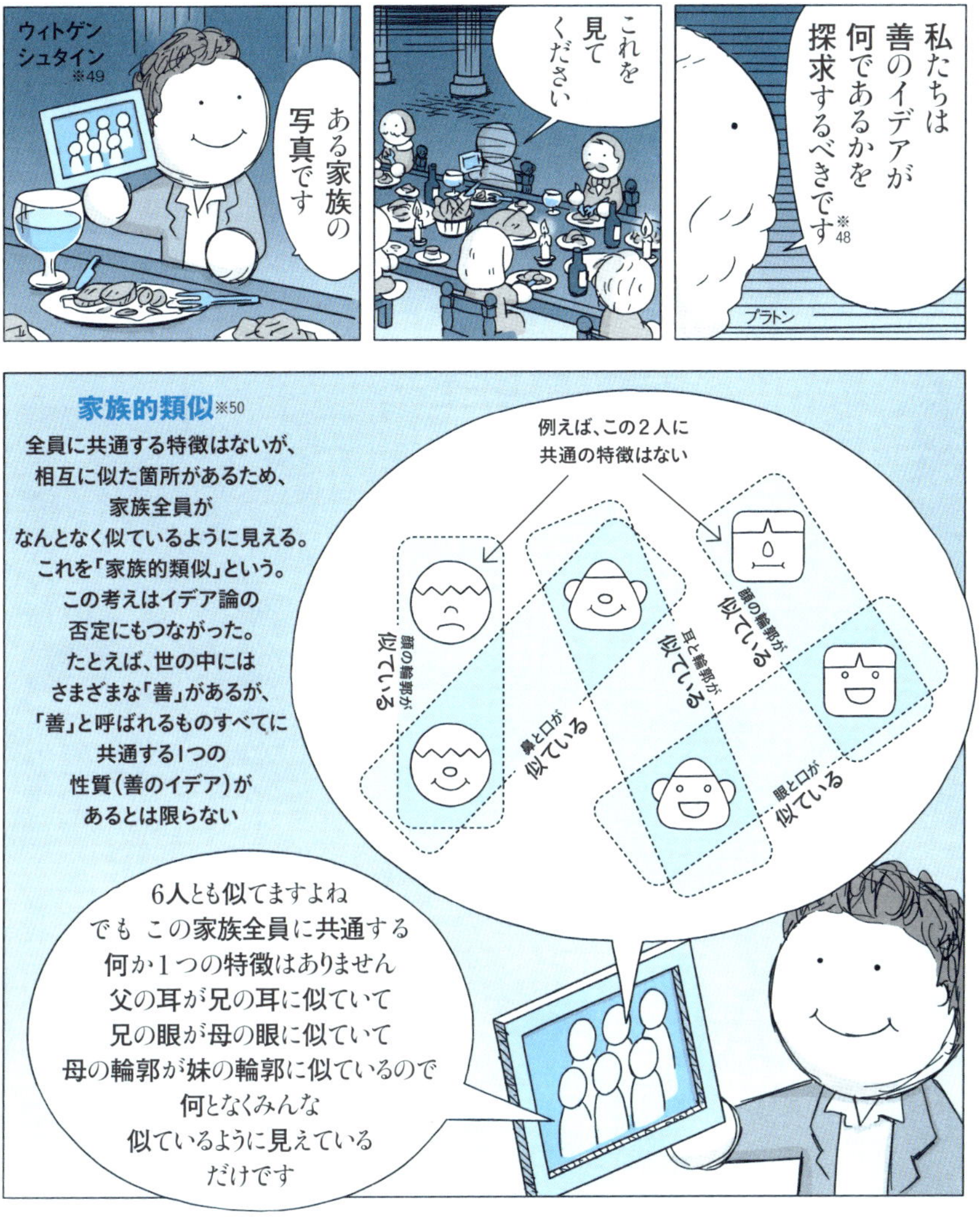

という。この考え方は、プラトンのイデア論と対立する。例えば、テニスもオセロもテトリスもファイナルファンタジーもオリエンテーリングも「ゲーム」である。しかしこれら「ゲーム」には、相互に共通する性質があるだけで、すべてに共通する性質はない。個々に見ていくと、テニスとオセロには「対戦」という共通点がある。オセロとテトリスは「パズル」が共通点。テトリスとファイナルファンタジーは「コンピュータ」が共通点。ファイナルファンタジーとオリエンテーリングは「冒険」が共通点。しかし、これらすべてのゲームに共通する性質は見つからない。つまりこれらは「ゲームのイデア」を持たずにそれぞれ「ゲーム」として存在している。

51＊イデア論と家族的類似

イデア論

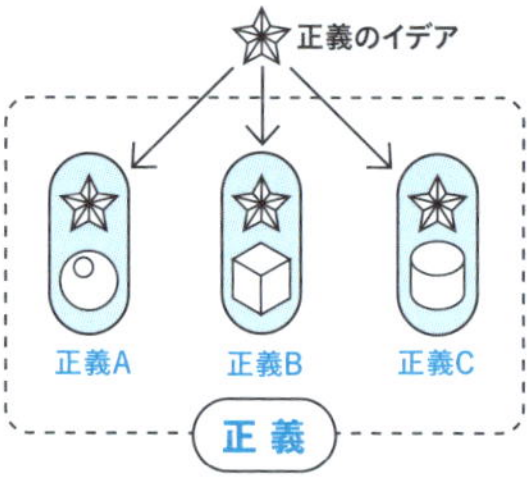

「正義」という言葉が該当するものすべてに共通の要素（正義のイデア）がある

家族的類似

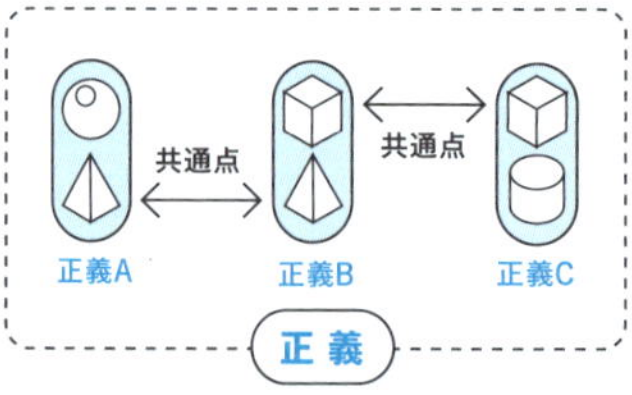

正義Aと正義Cに共通の要素はないが、AとB、BとCに共通の要素があるので、A、B、Cに「正義」という言葉が適用できる

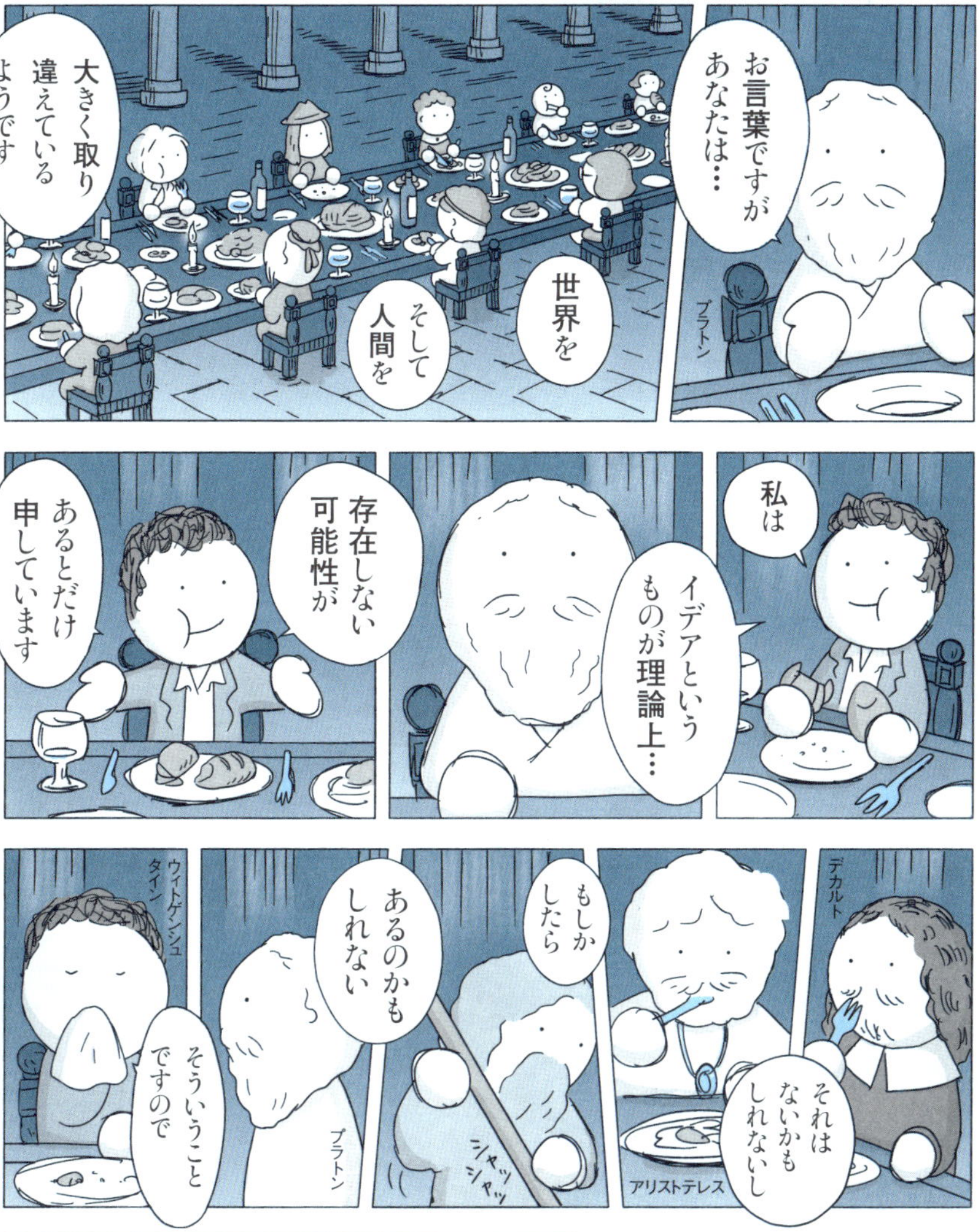

52＊誤解 ウィトゲンシュタインの代表作『論理哲学論考』(1921)は、当時の科学哲学者たちから絶賛された。しかし彼らは、ウィトゲンシュタインの考えの本質を誤解していたとされる。

THE
IVORY
TOWER

PRETTYSTONE プリティストン
第3企画室
PRETTYSTONE
新商品の普及型リカンベント自転車！
これが次世代自転車のスタンダード！
寝そべってこぐから長時間でも疲れにくい！
すべて返品だそうです！

クリティカルな問題だ
やはりローンチを
アジャイルしすぎてしまったか
我が部署のすべてをかけたプロジェクトだったがノビシロがなかった
私のせいです
ロハス エコ SDGsにカーボンニュートラルそしてスローライフミニマルライフにクリエイティブライフ
リカンベント自転車にはそのすべての要素がコンプリートしていると思ったのだが
私がこれからはリカンベントが流行ると言ったばっかりに
ギィ
いいや君のせいじゃない
アグリーしてアサインしたのは私だ
リカンベント自転車でカスタマーのウェルビーイングを実現することは
我が部署オールスタッフの夢だった
そうです！
ガタッ
主任のせいではありません！
私たちみんなで決めたことです！
これからどうなるんでしょうか？
このプロジェクトで
膨大な借金をしてしまった…
すべてはマネタイズに失敗した私の責任だ

M&Aに応じてこの部署は解散する
ピシャーン!
……そんな
ヨロ…
ううう
申し訳ありません…
いや
こっちこそすまない
Z世代をコアとしたコンシューマのニーズを汲んだのだが　つぼ型の日本には、そもそもまだZ世代の人数が少なかった
Z世代のコンペティターが誰もトライしていないブルーオーシャンだと思ったのだが…
グス
グス
グス
グス
うんうん
PDCAはしっかり回していたがKGIを達成するためのKPIを誤ってしまった…リスクヘッジも不十分だった
この夢にコミットしてくれてありがとう
なんでこんなことに…
次のフェーズでも頑張って！　君にはレジリエンスがあると信じてる！
私のせいだ　どうしてリカンベント一本に賭けようなんて言っちゃったんだろう
私の判断は間違ってばっかりだ

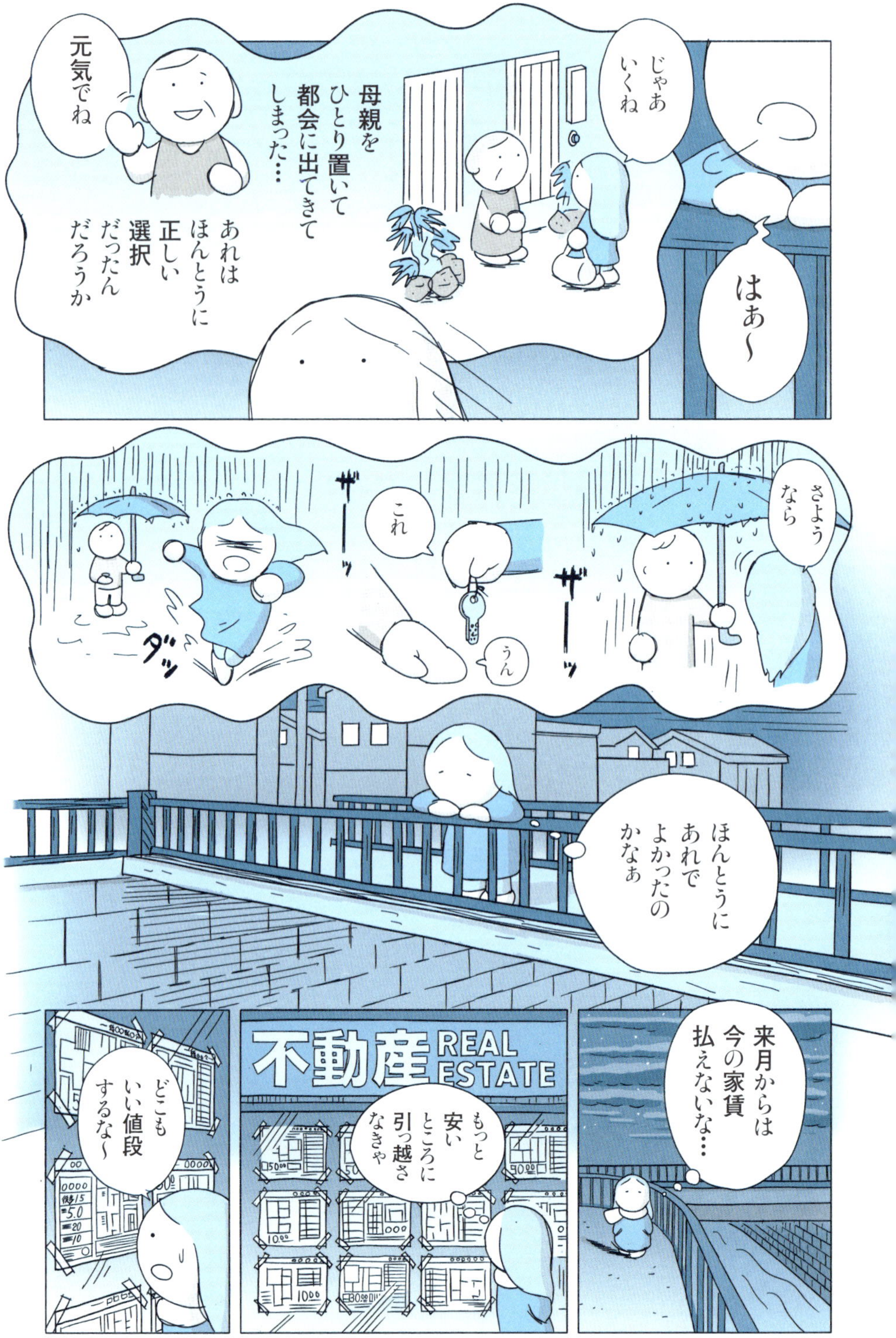
はぁ〜
じゃあ いくね
母親を ひとり置いて 都会に出てきて しまった…
元気でね
あれは ほんとうに 正しい 選択 だったん だろうか
さよう なら
ザーッ
うん
これ
ザーッ
ダッ
ほんとうに あれで よかったの かなぁ
来月からは 今の家賃 払えないな…
不動産 REAL ESTATE
もっと 安い ところに 引っ越さ なきゃ
どこも いい値段 するな〜

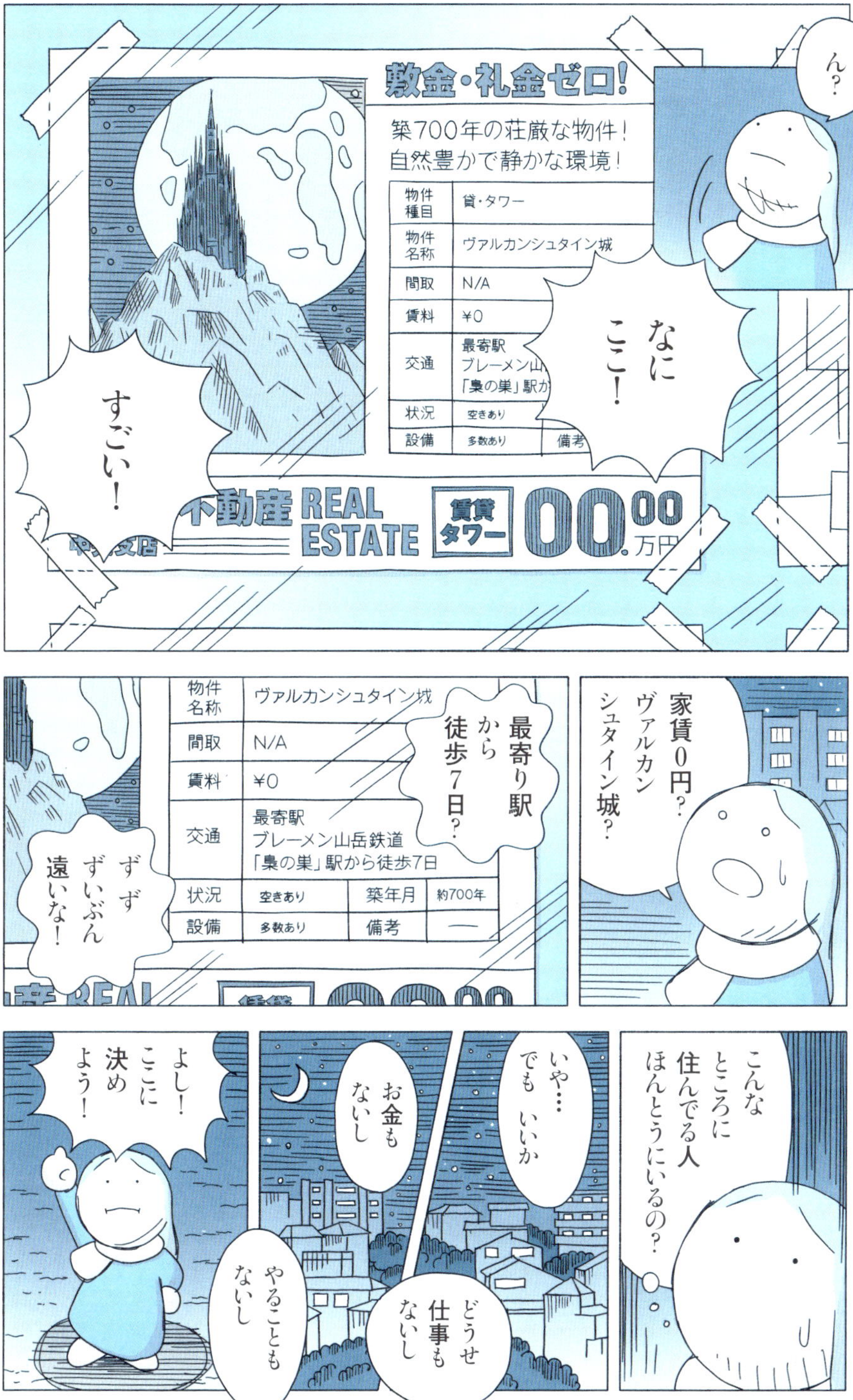

ん？
敷金・礼金ゼロ！
築700年の荘厳な物件！
自然豊かで静かな環境！
物件種目 貸・タワー
物件名称 ヴァルカンシュタイン城
間取 N/A
賃料 ¥0
交通 最寄駅 ブレーメン山岳鉄道「梟の巣」駅から徒歩7日
状況 空きあり
築年月 約700年
設備 多数あり
備考 —
なに ここ！
すごい！
不動産 REAL ESTATE
賃貸タワー
00.00万円
家賃0円？ ヴァルカンシュタイン城？
最寄り駅から徒歩7日？
ずず ずいぶん遠いな！
こんなところに住んでる人ほんとうにいるの？
いや… でも いいか
お金もないし
どうせ仕事もないし
やることもないし
よし！ ここに決めよう！

第5章

迷える子羊

ベンサムと名乗る人物と功利主義

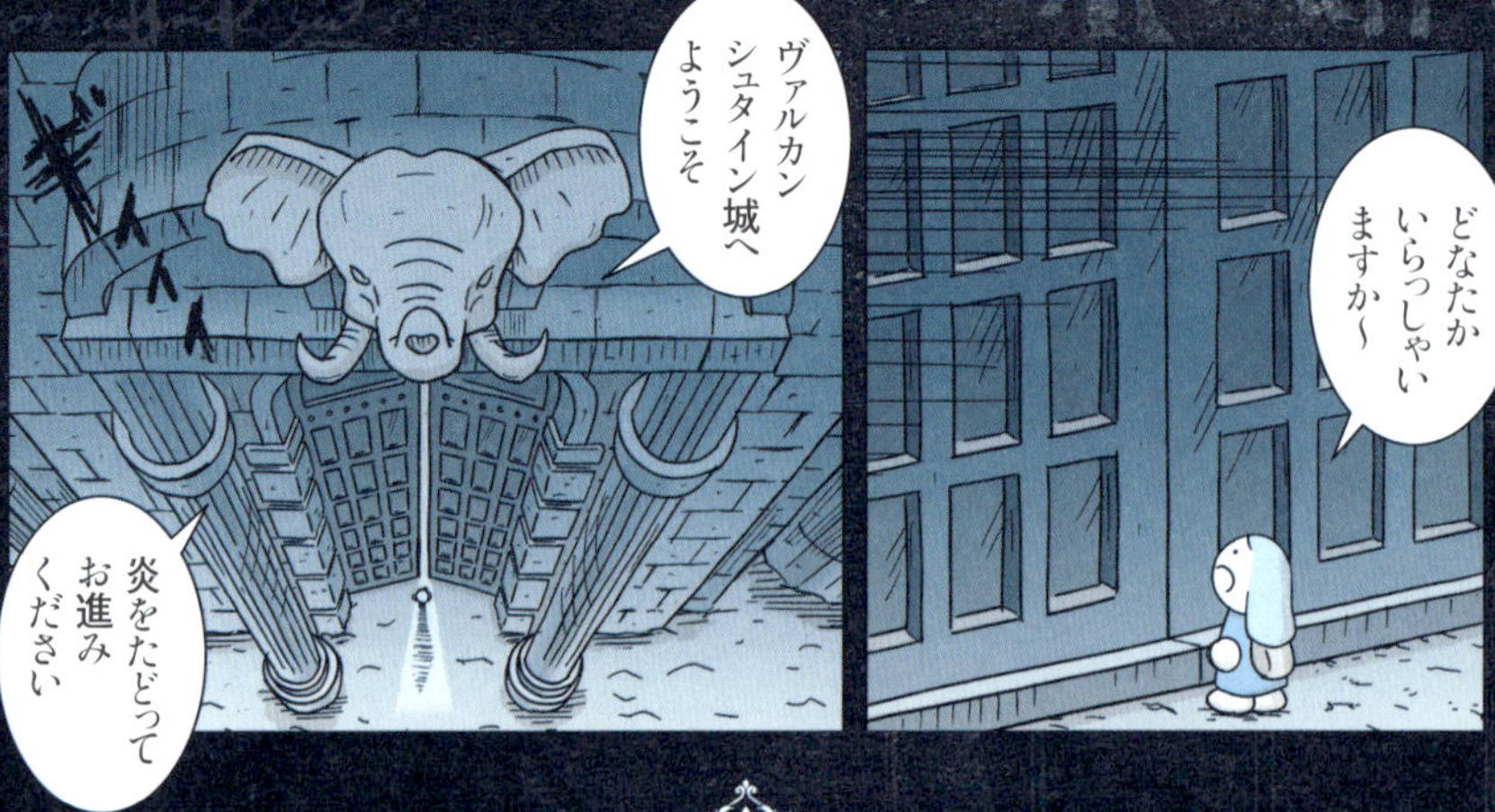
どなたかいらっしゃいますか～
ギィィィ
ヴァルカンシュタイン城へようこそ
炎をたどってお進みください

ジェレミ・ベンサム

1748～1832

イギリスの哲学者・法学者。功利主義の創始者。
12歳でオックスフォード大学に入学し、
若くして弁護士資格を取得した。
しかし弁護士の実務には関心がなく、
法律の理論的な研究に力を注いだ。
功利主義の立場から、
差別、階級、格差問題の改善や
参政権拡大のために尽力する。
監獄の収容状態を改善するために
パノプティコンを考案した人物としても有名。

ここ?
ギィ〜ッ
すごい!
こんなところに住めるなんて!

ベッド広〜い
……
ずいぶん寂しいところね
ヒョオオオオオオオ
知り合い誰もいないし
本当にここで暮らしていけるか心配
お食事のご用意ができております
大食堂にお越しください
大食堂は廊下のつきあたりにございます
ガチャ

あそこね
わあ!
おいしい
もぐもぐ
こんな豪華な料理初めてかも
あーおいしかった
ごちそうさま!
ズ
私ひとりか
あれ?

あの～
誰かいる！
ガタッ
ここのお城にお住まいの方ですか？
そうです
キルケゴール※01
ここにはおひとりでお住まいですか？
はい
私は今日このお城に来ました
ようこそ
あなたはいつからですか？
そうですね
もうずいぶん前です

訪問者　ここはとっても素敵なお城ですね。でも、ずっと暮らしていけるか心配です。
キルケゴール　そうですか。
訪問者　あなたは、ここで寂しくはないですか？
キルケゴール　いいえ。
訪問者　みんなとおしゃべりしたくなることはありませんか？
キルケゴール　ありません。
訪問者　し、失礼しました。読書のお邪魔をしてしまって。
キルケゴール　私はみんなで話をすることは好きではありません。でも一対一の対話なら積極的にするべきだと思っています。
訪問者　そうですか。よかった。
キルケゴール　3人以上で会話をするときは、自分を抑えて、周りに合わせなければならない。[※02]そうは思いませんか？
訪問者　え、ええ。合わせた方がいいと思います。
キルケゴール　ようするに3人以上になれば、自分を捨て、他人と同じ考えになる必要がある。そうでなければ社会は安定できない。でも、そこで交わされる言葉は、個人の言葉ではなく、社会の言葉です。そうした言葉は、結局何も生み出さない。[※03]

01＊セーレン・キルケゴール
1813〜1855
デンマーク・コペンハーゲン生まれの哲学者。**実存主義**（※03）の先駆者。自身が父親の母親に対する暴力的な関係の中で生まれたのではないかと疑い、苦悩する。27歳のときには、愛する女性と婚約したものの、自ら婚約を破棄。こうした個人的な経験が、キルケゴールの思想に深く影響を与えていった。主著『死に至る病』では「絶望とは何か」を考察。「信仰」に生きる可能性を見いだす。

02＊水平化
現代人は、新聞やマスコミなどに影響され、主体性を持たずにみんなと同じ考えを持ち、同じ行動をし、気晴らしだけが原動力となっているとキルケゴールは主張した。

訪問者　なるほど。確かに人数が多いほど、当たり障りのない会話になりますよね。でも、みんなでおしゃべりすると、共感し合えることができる気がします。

キルケゴール　共感……ですか。この塔でその言葉を聞くのは久しぶりです。ここの住人は皆、感情よりも理性を優先する。

訪問者　そうなんですか？　この塔には、どんな人たちが住んでいるのでしょう？

キルケゴール　変わった人ばかりです。あまり深く関わらない方がいい。※04 あなたはどうしてここに？

訪問者　会社の経営が傾いてしまい、引責辞任することに。これからどうしようかと思っていたらここを見つけました。あんなに勢いのある会社だったのに。

キルケゴール　どんなに勢いがある物事でも、いずれは廃《すた》れていくと思いますが。

訪問者　経営悪化は私のせいです。消費者の気持ちを読み間違えてしまって。私はいつも間違った選択をしてきたように思います。その度に後悔したり、落ち込んだりで。ここに来たのも果たしてほんとうに良かったのか。悩みのない人生を送りたいです。ほんとに。あ、すみません。いきなりこんな話。

キルケゴール　悩みのない人生？　本当に……。

03＊実存主義
19世紀までの哲学者の多くは、全人類に共通する理論や真理（普遍的真理）を探求した。しかしキルケゴールが探求したものは「私にとって真理であるような真理」だった。このように、客観的に世界を把握するのではなく、「この私」にとっての真理（主体的真理）を探求する立場を**実存主義**と言う。「実存」とは、今のこの現実を一般的な考えとは無関係に主体的に生きること。

04＊単独者
本来人間は、一人ひとりが異なる単独者であるとキルケゴールは考えた。ゆえに彼は、全人類に共通する理論や、普遍的な真理を探求する従来の哲学には、興味を示さなかった。いわく「客観的真理を探求したところで、私に何の役に立つだろう」。

本当にそのような人生を送りたいのですか？
え ええ
お話中大変失礼いたします
盗み聞きをするつもりはありませんでしたがお話が聞こえてきてしまいまして
あなたは？
これはベンサム氏いつの間に
ごきげんようキルケゴール氏
ベンサム

初めまして お嬢さま ベンサムと 申します
ナオミです 初めまして
悩みや 後悔のない人生… あなたは本当に それをお望みですか？
ええ　もちろんです できることなら 「私の一生に後悔はない」 とか言って死にたいです
それなら あなたに お渡ししたいものが あります
え？ 何をいただけるん でしょう！
それでは 私はこれで 失礼します
ガタ

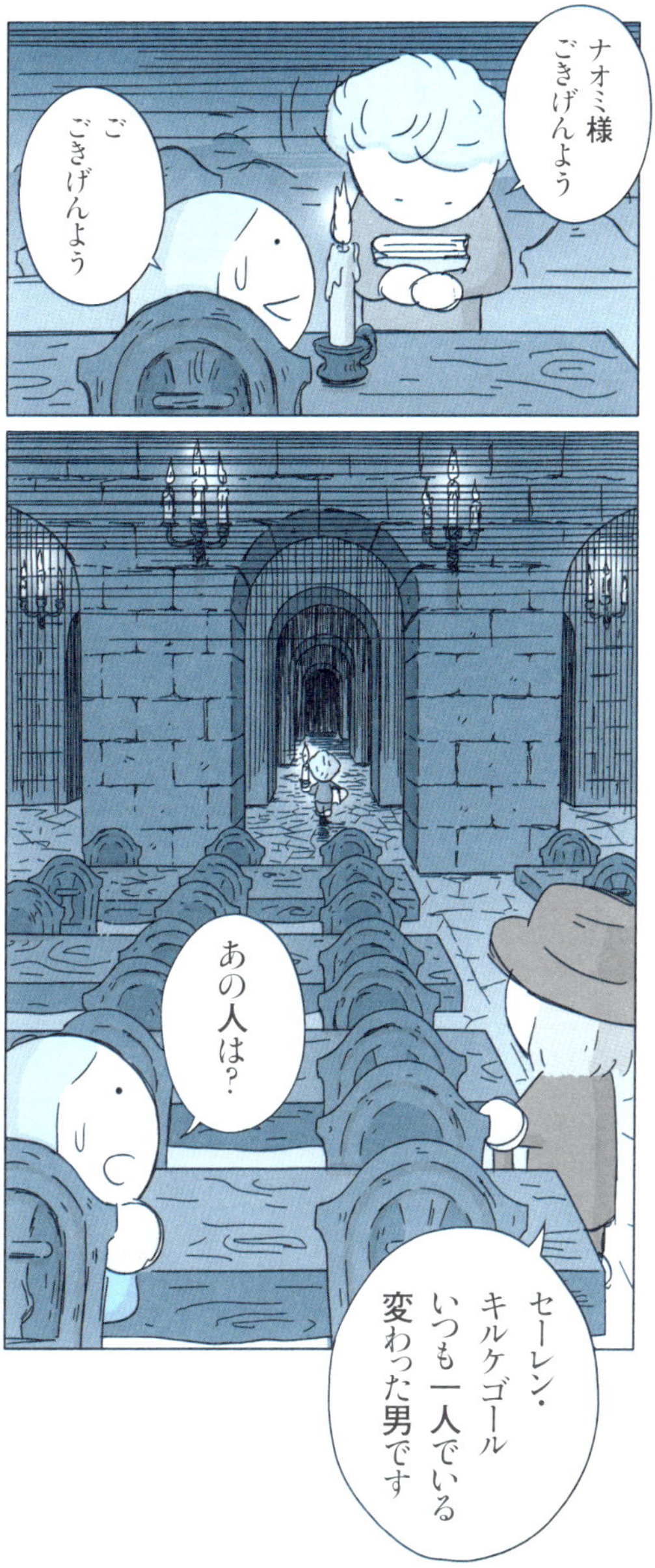

訪問者　あの人は、みんなでお話をするのは好きではないと言っていました。

ベンサム　でしょうね。ナオミ様はみんなといるのはお好きですか？

訪問者　ここは、寂しすぎるような気がしますが、私もあまりにも大勢はちょっと。

ベンサム　みんなが笑顔でいるのを見ると、楽しくなってはきませんか？

訪問者　はい。それは、もちろん楽しくなります。

ベンサム　でしょう。私は、できるだけ多くの人の、できるだけ多くの笑顔に貢献したいと考えております。最大多数の最大幸福。[※05]これが私の信条です。さあ、参りましょう。あちらです。

ベンサム　ここは、ヴァルカンシュタイン城のサイエンスラボです。ここでは主に道徳ピル[※06]を調合しています。あなたは道徳ピルをご存じですか？

訪問者　道徳ピル？　いいえ。初めて聞きました。

ベンサム　道徳ピルは、ピーター・シンガー[※07]という哲学者が考案した犯罪者のための薬です。

訪問者　犯罪者の薬？

05＊最大多数の最大幸福
ベンサムの言葉であり、**功利主義**（※13）の基礎原理。功利主義とは、社会全体の快楽の増大や苦痛の減少を基準にして、道徳や立法の判断をするべきだとする立場。

06＊道徳ピル
ピーター・シンガー（※07）は「科学の進歩は、いずれ他人をより援助したくなる道徳ピルを開発するだろう」と述べている。また、道徳ピルを犯罪者に提供すれば、刑務所に行く代わりになるし、犯罪者予備軍に提供すれば、犯罪を未然に防ぐことができるとしている。

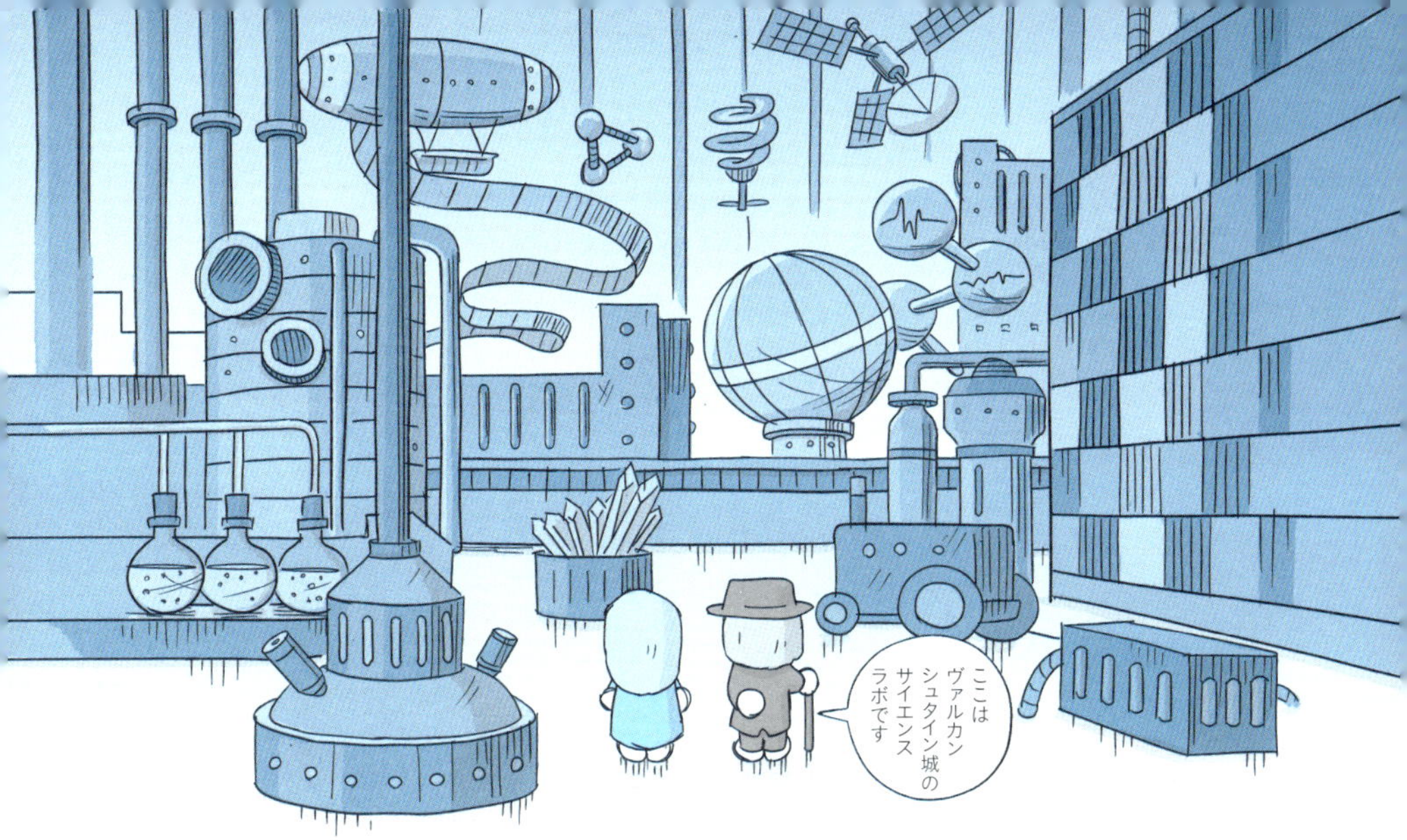

ベンサム　そうです。道徳ピルを飲めば、どんな悪人でも、善人になります。

訪問者　そんなことができるんですか？

ベンサム　はい。脳神経科学の発展がそれを可能にしたのです。他人を助けるような道徳的な人の脳と、そうではない非道徳的な人の脳に、どのような生化学的な違いがあるかを調べ、それをもとに道徳ピルは開発されました。

訪問者　なるほど。

ベンサム　犯罪者が、道徳ピルを飲んで、道徳的な脳になれば、刑務所に入らなくてすみます。私はかつて、パノプティコン※08という牢獄を考案しましたが、もうそんなものは必要ない。

訪問者　犯罪者に罰を与えるのではな

07＊ピーター・シンガー
1946〜
功利主義（※13）の立場をとる倫理学者、哲学者。オーストラリアのメルボルンに生まれる。オックスフォード大学講師、ニューヨーク大学哲学科客員助教授などを経て、1999年からプリンストン大学の生命倫理学教授。国際生命倫理学会の初代会長。世界で最も著名な存命の哲学者として知られる。「人間の小さな快楽のために、動物の生きるという大きな権利を侵してはならない」「人間という種が、他の動物の権利に対して特権的であるとすることは種差別である」「世界に存在する苦痛を最小にすれば世界はよりよい場所となる」などの主張を基に、動物解放、環境保護、難民救済などの活動を進める。

く、犯罪者の脳を変えてしまうという方向なんですね。

ベンサム　その通りです。「罪に対して罰を与える」という発想は、これからの時代、選択肢には成り得ません。

訪問者　時代は変わっていきますね。

ベンサム　ええ。ゆくゆくはすべての人間の脳を調べあげ、罪を犯す可能性がある人々をあぶり出し、事前に道徳ピルを飲んでもらえば、世界は平和というものです。

訪問者　どことなく、普通の考えではないような気がしてしまいます。

ベンサム　そうでしょうか？　この研究所では、犯罪者や犯罪予備軍の薬だけではなく、さらに改良したネオ道徳ピルも調合しています。

訪問者　ネオ道徳ピル。なんだか凄そうですね。

ベンサム　はい。素晴らしい薬です。ネオ道徳ピルは、あなたのような善良な方が飲んでも、おおいに効果がある。

訪問者　善良かどうかはわかりませんが……。どんな効果でしょう？

ベンサム　お望みのように、一切の悩みや後悔がなくなります。

訪問者　ほんとうですか？

ベンサム　原理を説明しましょう。ネオ道徳ピルにおいては、道徳を「何かを選択するとき、できるだけ多くの人が幸福になる方を選択すること」と定義しました。なぜ、そう定義したかと申しますと、大多数の人がそうした選択が道徳的に正しい選択と判断しているからです。このピルを飲むとそうした選択をする脳になる。

訪問者　できるだけ多くの人が幸福になる方を選択する脳？

ベンサム　はい。先ほどお話しした、最大多数の最大幸福です。最大多数の最大幸福という一つのシンプルな原理で脳が働くので、あれこれ考えることがなくなり、悩みや後悔が消え去るのです。もちろん自分の生活や健康に支障をきたすことのない範囲でその選択は行われますのでご安心ください。例をあげて説明しましょう。

訪問者　お願いします。

ベンサム　あなたはトロッコ問題[※09]という思考実験[※10]を知っていますか？

訪問者　はい。トロッコ問題は知っています。

ベンサム　そうですか。うんざりするほど頻繁に話題になる思考実験ですからね。さぞかし面倒とは思いますが、今一度だけ、おさらいさせていただけないでしょうか。

訪問者　わかりました。

ベンサム　想像してください。線路を走るトロッコの制御が不能になったとします。

08＊パノプティコン

ベンサムが考案した監獄のモデル。「一望監視施設」と訳される。建物の中央にある監視室から監視員が囚人たちの独房を監視できる仕組みになっている。監視室はマジックミラーになっていて、囚人からは監視員がいるかいないかわからない。よって囚人はつねに規律に従わなくてはならず、やがて誰に強制されるでもなく、みずから規律を守るようになる。

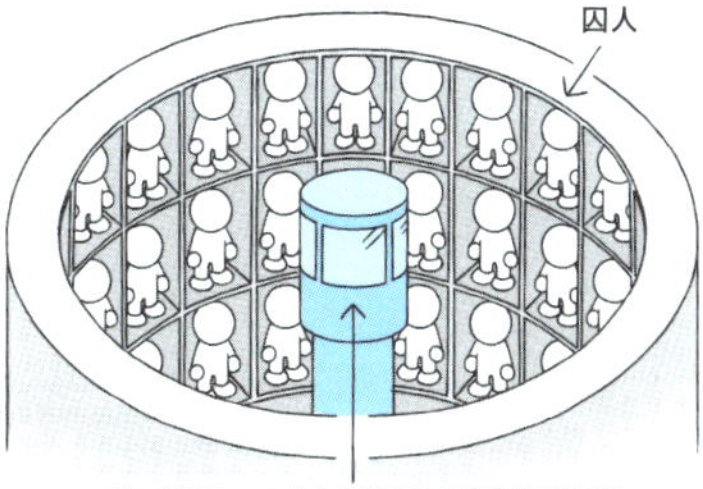

マジックミラーの中から監視員が囚人を監視

訪問者　はい。

ベンサム　このままでは、前方にいる5人の作業員が猛スピードのトロッコにひき殺されてしまいます。

訪問者　はい。

ベンサム　この時あなたは線路のポインタ《分岐器》のすぐ側にいます。あなたがトロッコの進路を切り替えれば5人は助かります。しかし切り替えた方の路線には、A氏が一人で作業しています。進路を切り替えれば、5人の代わりにA氏がトロッコにひかれて死んでしまう。このときあなたはトロッコの進路を切り替えますか？

訪問者　進路を切り替えるのが正しいと思います。

ベンサム　ええ、実に95%の人が進路を切り替えると回答しています。ですからそれが一般的な道徳であり正義です。

訪問者　でも……。私にはできないような気がします。

ベンサム　どうして？

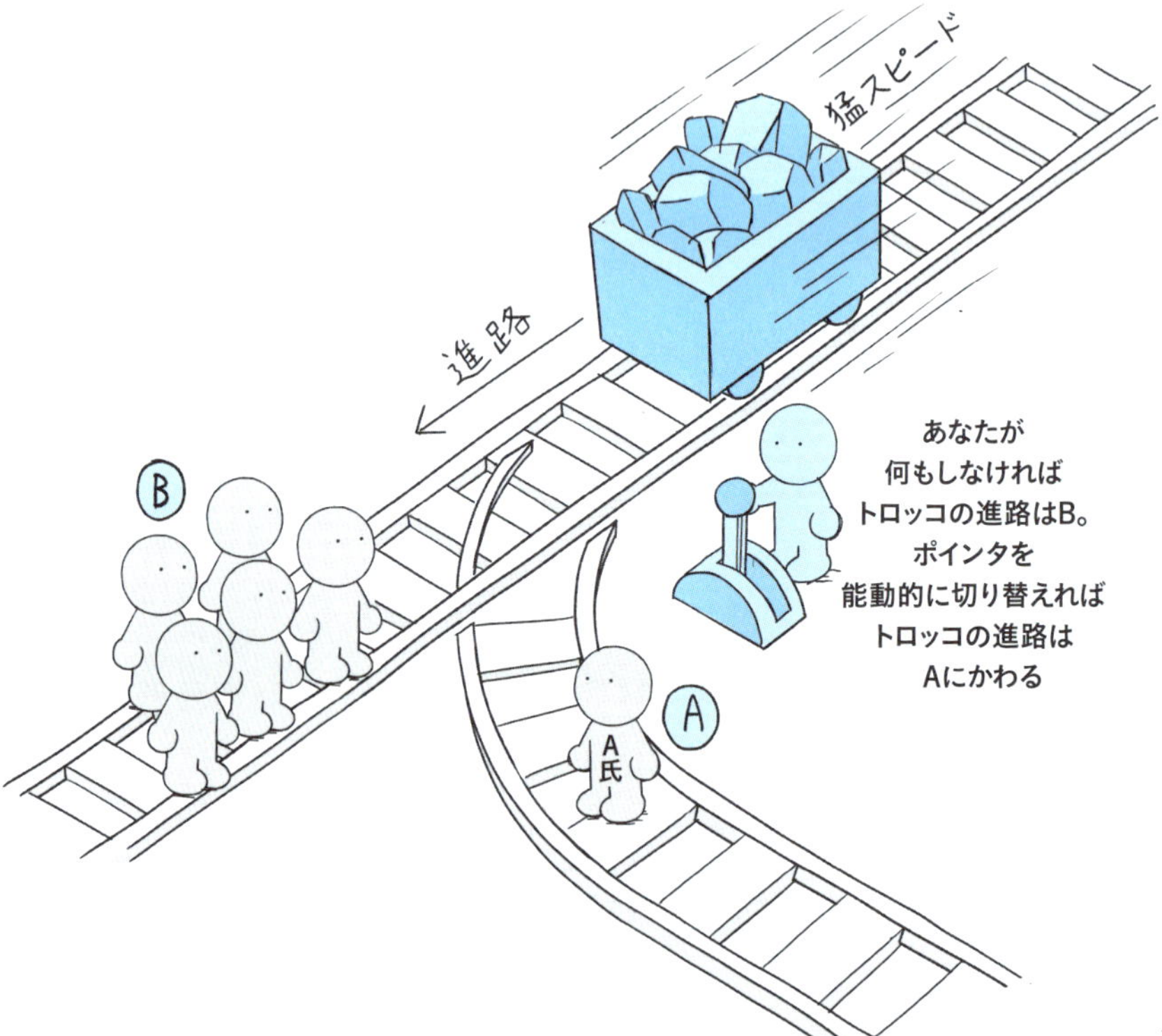
猛スピード
進路
B
A
A氏
あなたが
何もしなければ
トロッコの進路はB。
ポインタを
能動的に切り替えれば
トロッコの進路は
Aにかわる

訪問者　ポイントを切り替えてしまったら、Ａ氏が死んでしまいます。それではＡ氏があまりにもかわいそうです。

ベンサム　５人を助けるためです。

訪問者　その通りなのですが、もしＡ氏の顔※11を見てしまったら、私は何もできないかもしれません。

ベンサム　反対側の５人にも顔はあります。

訪問者　５人より一人の方がはっきりと顔が見えてしまいます。

ベンサム　そうでしょうか。

訪問者　はい。私にはそう思えます。でも、切り替えないのは、正しくなさそうなことは理解しています。

ベンサム　おっしゃるように、大多数の人は、結果的※12にできるだけ多くの人が助かることを望みます。多数の人が正義だと思うことが正義であって、あなたを含めた少しの人が正しいと思っても、それは正義ではありません。つまり、何もしないのではなく、能動的にポインタを倒して５人を救うことが正義です。この地球上に存在する幸せの数は多ければ多い方がいい。これはみんなの望みです※13。違いますか？

訪問者　その通りだと思います。私も、より多くの人が助かって欲しいです。

09＊トロッコ問題
倫理学の第一人者であるイギリスの哲学者フィリッパ・フットが、1967年に提唱した思考実験。

10＊思考実験
実験器具などを使わず、頭の中だけで行う実験。

11＊顔
フランスの哲学者エマニュエル・レヴィナスは「他者」かそうでないかの違いを**顔**に求めた。困っている人がいても、顔を見なければ関わらなくてすむが、顔を見てしまったら、その人はすでに「他者」ではない。他者の顔に気づき、いやが応でもその人に関わることで、自分の解釈だけでできた狭い世界から抜け出すことができるとレヴィナスは説いた。

ベンサム　ほう。あなたは、自分が正しくないとわかっていても、ポインタを切り替えないというわけですか。
訪問者　私には多分、無理だと思います。ですからこのトロッコ問題のような状況にならないことを祈るばかりです。
ベンサム　何もしないのは本当の優しさではありません。人間ならば、人に同情するのは当たりまえ。そこからどんな行動を起こすかが重要です。
訪問者　それは……。おっしゃる、通りだと、思います……。
ベンサム　わかりました。では、あなたは進路を変更しなかったとします。それで心残りはないということでしょうか。
訪問者　いいえ。私は進路を切り替えなかったことを一生後悔すると思います。
ベンサム　どうして。あなたは、あなたの考えで、行動したわけですよね。
訪問者　はい。でも、私のせいで5人を犠牲にしてしまった。
ベンサム　それなら、進路を切り替えるべきですね。
訪問者　私は、とっさに自分の手で進路を切り替えることができないと思います。さっきも言ったとおりA氏が死んでしまうことになるからです。
ベンサム　ならばあなたは、「進路を切り替える」という正しい選択をしても後悔

12＊結果主義
倫理学において、正しい行いかそうでないかは、その行いの結果で判断されるとすることを**結果主義**という。**功利主義**（※13）は、結果主義の一種である。なお、結果主義には他にも、自分の利益が最大化することが善だとする**利己主義**や、経済が最大化することが善だとする**福利主義**などがある。

13＊功利主義
社会全体の快楽の増大や苦痛の減少を基準にして、道徳や立法の判断をするべきだとする考え方。

するし、「切り替えない」という自分の信念に従った選択をしても、どっちにしろ後悔することになります。あなたに悩みが尽きないのはもっともです。人生は選択の連続ですから。

訪問者　残念ですが、そうみたいです。

ベンサム　ネオ道徳ピルを飲んだらどうなるかわかりますか？

訪問者　な、なんとなく。

ベンサム　お察しの通り、常に、道徳的[※14]に正しい選択ができるようになります。正しい選択とは、しつこいようですが、できるだけ多くの人が幸福になるような選択。この薬を飲めばあなたは躊躇なくそれができるようになる。

訪問者　躊躇なく？

ベンサム　そうです。躊躇なくです。自分は常に正しい行動をしているという確かな自信を持つことができるようになるからです。躊躇があったり、後悔が残るのならこの薬の意味はない。もちろんみんなも、あなたの正しい行動を賞賛することでしょう。そうしていくうちに、やがてあなたは、名誉と地位と富を手にする。

訪問者　その薬を飲めば、躊躇なく、ポインタを切り替えることができるような人になることができ、そうした自分の選択に対して、一切後悔しなくてすむ人生を送

14＊**倫理学**
現代の**倫理学**は大きく3つに分けることができる。一つ目は、「善」や「悪」などの言語の意味を分析的(論理的)に考える**メタ倫理学**。二つ目は、どのような行為が道徳的なのか、その基準を探求する**規範倫理学**。三つ目が、メタ倫理と規範倫理を現代の個々の実践的な問題に応用する**応用倫理学**である。

ることができるというわけですね。

ベンサム　おっしゃる通りです。「悩みがない人生」とは、突き詰めればそういう人生のことです。この薬の効果がおわかりでしょうか？

訪問者　わかるような気がします。

ベンサム　それはよかった。

ベンサム　服用したくない？

訪問者　申しわけありません。

ベンサム　常に正しい行動を選択し、みんなから慕われ、後悔のない人生を送りたいのでは？

訪問者　常に正しい行動はとるべきなのかもしれません。でも。

ベンサム　でも、何でしょう？

訪問者　自分の行動に何の疑いも持たないなんて、それは違うような気がします。

ベンサム　どうして違いますか？

訪問者　ポインタを切り替えて５人を助けるという「正しい」選択をした人も、全く躊躇しないで、それができる人は少ないと思います。自分の行動にただの一度も疑問を持たない人間なんていないと思います。

ベンサム　ですから、この薬を飲めば、自分の行動にただの一度も疑いを持つことがなくなるようになる。つまり悩みや後悔がなくなるのです。何しろ、あなたがくだす選択は、今後、常に正しい[※15]のですから。間違った行動は、社会のためにもならないし、自分のためにもなりません。

※

訪問者　私がまだ小さかったころ……。５匹の子ウサギを譲り受けたことがありました。この話、してもよろしいでしょうか？

ベンサム　ええ。どうぞ。

訪問者　実家は田舎なので、５匹くらいは飼うスペースがあったんです。ある日、

15＊快楽原則
ベンサムは、人間の行動は「快楽を求め、苦痛を避ける」というシンプルな原理に基づくと考えた。そして何かしらの行動が人の快楽に結びつけばその行動は善、苦痛に結びつけば、その行動は悪であるとした。

妹が一人で、近所の空き地で子ウサギたちを遊ばせていました。けれども少し目をはなした隙に、妹は5匹のうち1匹を見失ってしまいました。何度数えても4匹しかいない。妹はさぞかし焦ったと思います。

ベンサム　お察しします。

訪問者　妹は、あろうことか残りの4匹をそのままにして、1匹を探しに行ってしまったんです。

ベンサム　慌てすぎて何も考えられなくなってしまった?

訪問者　そうだと思います。ばかですよね。見失った1匹は随分と離れた茂みの中でどうにか見つかりました。

ベンサム　妹さんはさぞかしほっとしたでしょうね。

訪問者　それはもう。でも案の定、空き地に戻ってきたら、残りの4匹がすべていなくなってしまっていたんです。

ベンサム　嗚呼。

訪問者　幸い、いなくなった4匹の子ウサギは、近所の人たちが一緒に探してくれて、夜遅くまでにすべて見つかりました。

ベンサム　それはよかった。
訪問者　けれどもその晩、妹は父親にこっぴどく叱られました。「そこを離れてしまったら、他のウサギがどうなるかわかるだろう」「お前は、なんて愚かなんだ」。
ベンサム　やはりお父様は残りの4匹を置きっぱなしにしたことにご立腹だったわけですね。
訪問者　そうです。でも、私も幼かった。妹のしたことがなぜそんなに悪いことなのか、そのときはよくわからなかったんです。妹が、いなくなった1匹の子ウサギを顔を真っ青にして探すのが想像できましたから。
ベンサム　なるほど。
訪問者　私は父に訊ねました。「妹は間違ったことをしたの?」。
ベンサム　お父様は、何と、答えましたか?
訪問者　父は私の眼を見てこう言いました。
ベンサム　……。
訪問者　「間違ってない。間違っているはずがないだろう」と。そのときのゆっくりとした口調を今でもはっきりと覚えています。

ベンサム　妹さんを散々叱っていたのに？

訪問者　そうです。

ベンサム　あなたが言いたいことは、わからなくはありません。しかし、あなたは、1匹の羊のために、残りの99匹を原野に残すような羊飼い[※16]になってはいけない。それが大人の判断というものです。そういった分別のある判断が瞬時にできるようになるのがこの薬です。

訪問者　そうでしたね。

ベンサム　数ある選択肢の中から、一つを選択しながら進むのが人生というもの。

訪問者　はい。

ベンサム　この薬を服用しなかったら、あなたはこの先、あらゆる選択に悩み、選択したところで必ず後悔する。あなたは、常に既に[※17]、悩んでいる。そして、常に既に、後悔している。そういう人生を送ることになるのです。

訪問者　わかっています。

ベンサム　もし……。

16＊ルカによる福音書
新約聖書・ルカによる福音書15章には「善き羊飼いは、100匹の羊のうち、1匹がいなくなったら、残りの99匹を野原に残してでも、いなくなった1匹を見つけるまで捜し歩くだろう」という言葉がある。

17＊常に既《すで》に
ハイデガー（※23）が好んで使用した言葉。
用例：「世界は絶えず変化しているのだから、この世界は、常に既に、僕の知っている世界ではない」

この薬を飲めば…
……
※18
進行方向に二人の作業員がいれば
左の路線に一人の作業員
あなたは迷わず
一人を犠牲にして二人を選ぶ選択ができる
ガチャンッ
あとで思い悩むことはない
さてここからが新機軸
この薬を飲めば
ピョンッ
進行方向に余命の長い若者がいれば
もし…左の路線に余命の短い老人

18＊ベンサムの猫
ベンサムは、ジョン・ラングホーン博士という名前の猫を飼っていた。また自分のステッキに、ルシオ（『ドン・キホーテ』に登場するサンチョ・パンサが乗っているロバの名前）という名前をつけた。

19＊社会全体
ベンサムは、社会全体の快楽の増大や苦痛の減少を基準にして、正義や道徳、立法の判断をするべきだと考えた。

この薬を飲めば
左に生産性の低き者
前方《ぜんぼう》に生産性の高き者あれば
あなたは迷わず
生産性の低き者を犠牲にする
その選択は
社会全体※19により多くの富をもたらす
この薬を飲めば
の…
左に弱き者
前方に強き者あれば
あなたは迷わず…

の
飲みたくはありません！
ニャッ
そうですか
申しわけございません…
いいえお詫びには及びません
飲むか飲まないかはあなたの自由です
申しわけございません
それではこの薬は他の方にお勧めします
この薬を飲みたいと…
おっしゃる方は
パチン
大勢いらっしゃいますので
あなた様におかれましては
どうか悩みなき人生を
FIN

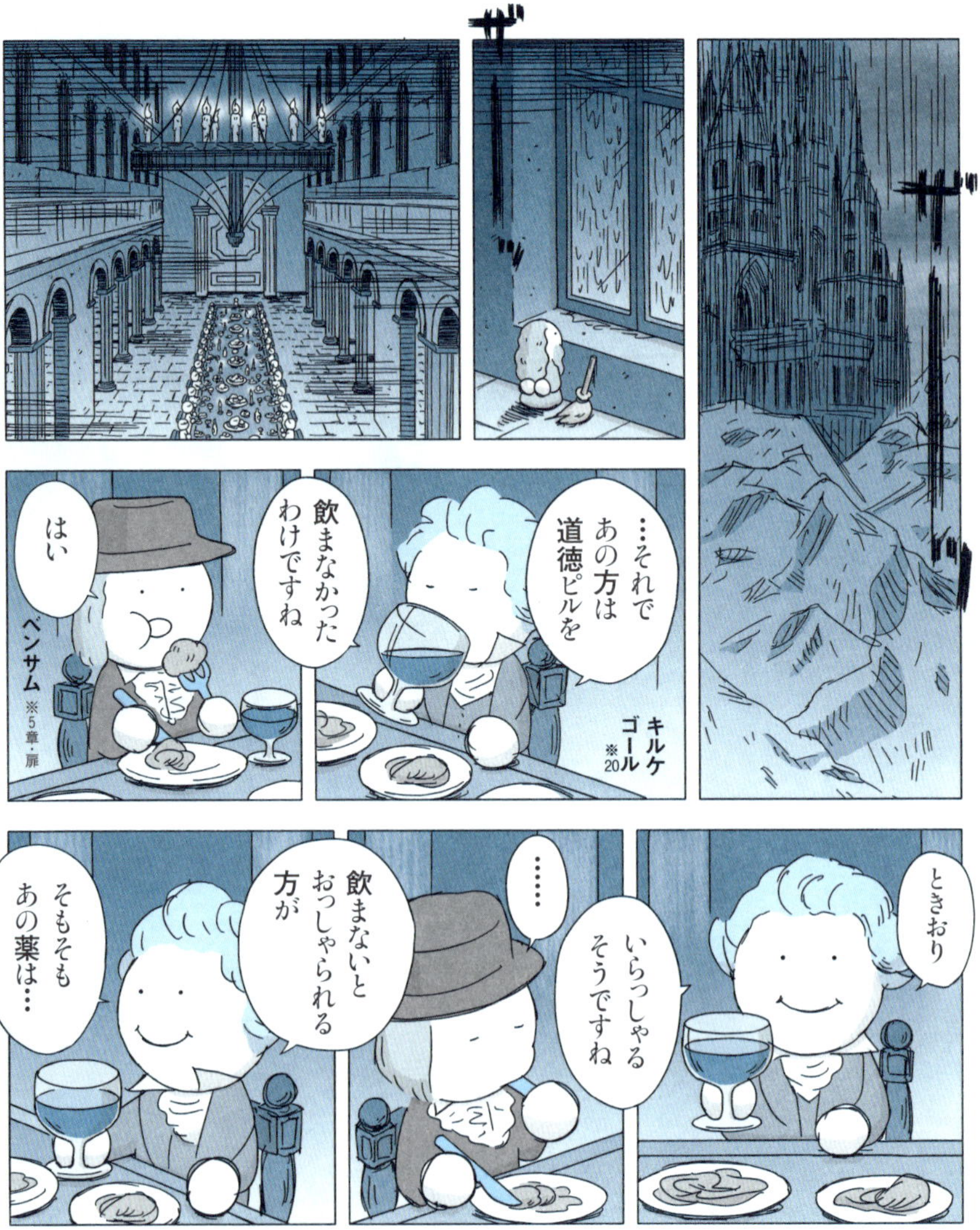

20＊セーレン・キルケゴール（※01）
1813〜1855
デンマーク生まれの哲学者。

21＊ジャン＝ポール・サルトル（3章※25）
1905〜1980
フランスの哲学者。

22＊自由恋愛
サルトルは、フェミニスト理論家で哲学者のシモーヌ・ド・ボーヴォワールと、平等で新しい男女関係を築くため、お互いの自由恋愛（配偶者以外の人との性行為）を認める内容の契約結婚をしている。

23＊マルティン・ハイデガー
1889〜1976
ドイツの哲学者。マールブルク大学で教鞭をとった後、1933年にフライブルク大学総長となる。しかし、ナチスに入党したため（1年で脱退）、戦後、一時追放された。主著『存在と時間』では、人間は「死への存在」であることを直視するべきだと説いている。

24＊ハイデガーとアーレント
ドイツのマールブルク大学で哲学教授を務めていたハイデガーは、教え子のハンナ・アーレント（全体主義を研究した哲学者）と愛人関係にあった。第二次世界大戦が近づくと、ユダヤ系であったアーレントはナチスの迫害から逃れるためアメリカに亡命した。しかし二人の関係は第二次世界大戦後も続いた。

25＊動物の権利
人間の「苦しみ」も動物の「苦しみ」も、どちらも「苦しみ」である。よって「苦しみ」を受けずに生きる権利が人間にあるのなら、動物にも同じ権利があるとベンサムは考える。後にピーター・シンガーも**功利主義**（※13）の立場から動物実験や工場畜産を批判している。いわく「世界に存在する苦痛を最小にすれば、世界はよりよい場所となる」。

26＊バートランド・ラッセル
1872〜1970
イギリスの哲学者、数学者。名門貴族の家に生まれる。第一次世界大戦に反対したため、ケンブリッジ大学の講師職を追われ、投獄される。1950年には、自由と平和を訴える著作に対して、ノーベル文学賞が授与された。哲学の分野では、記

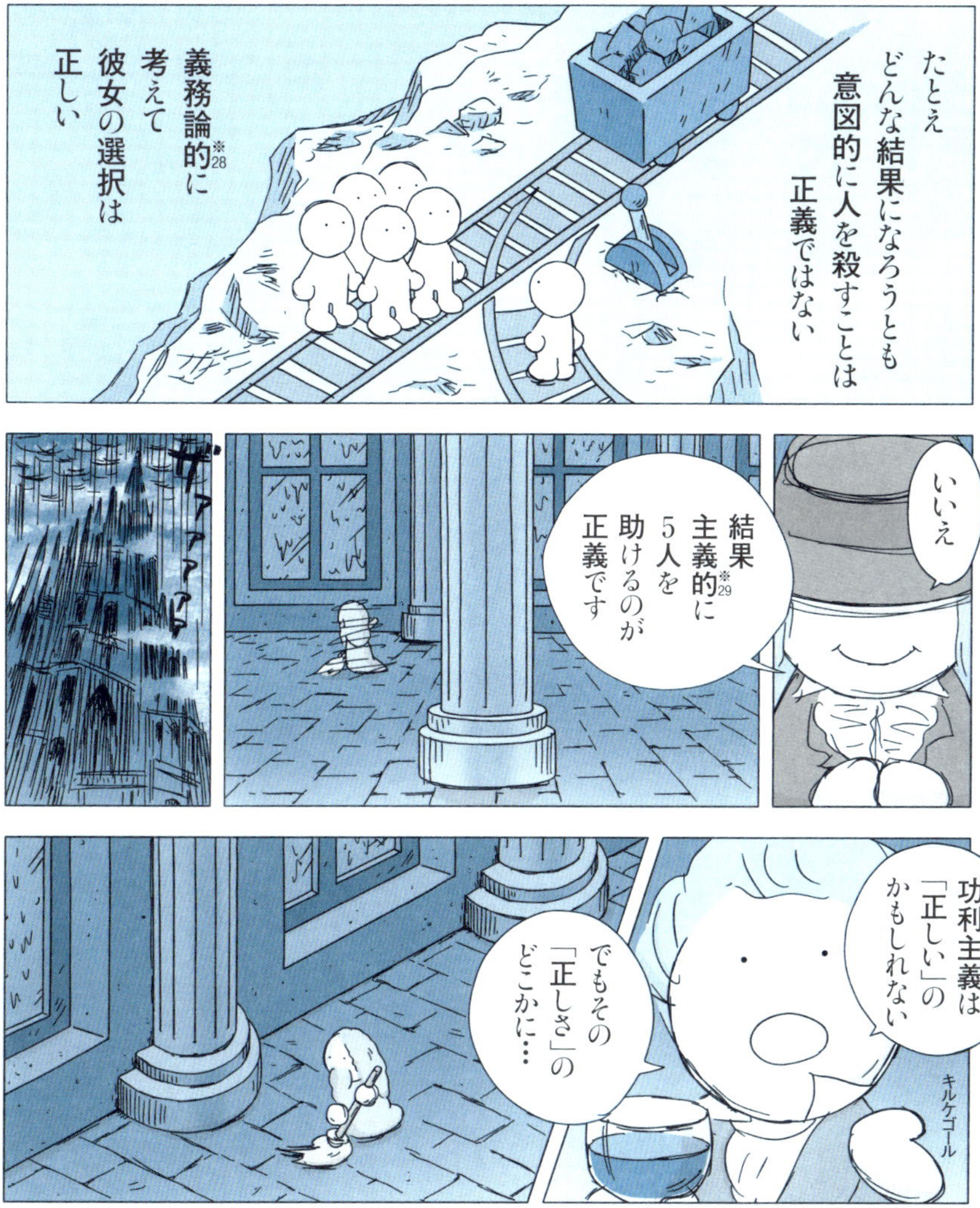

号論理学や数学による論理学の基礎づけなどに貢献した。なお、名付け親はジョン・スチュアート・ミル（ベンサムの功利主義を修正しつつ受け継いだ哲学者）。

27＊イマヌエル・カント
1724〜1804
ドイツの哲学者（4章※22）。

28＊義務論
カントは、正しい行いか、そうでないかは、その結果で論じられるべきではなく、行い自体が道徳的かどうかで判断されるべきだと考えた。こうした考えを**義務論**という。

29＊結果主義
正しい行いか、そうでないかは、その結果で論じられるとする立場を**結果主義**という。功利主義はこの立場の一種である。

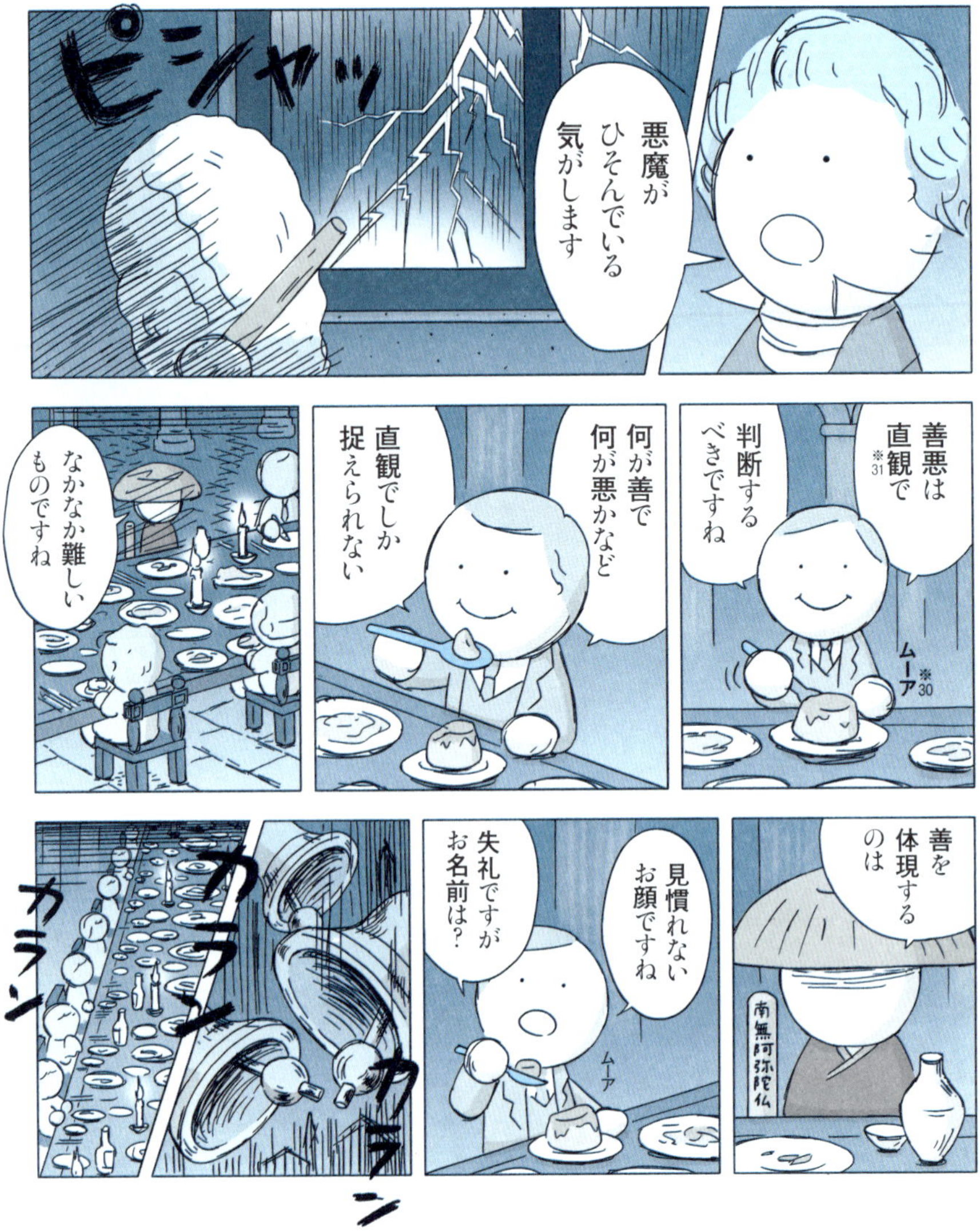

30＊ジョージ・エドワード・ムーア

１８７３〜１９５８

イギリスの哲学者、倫理学者。ケンブリッジ大学教授。バートランド・ラッセルと共に、英米**分析哲学**の基盤を作り上げた。ムーアが創始した**分析的倫理学**（そもそも「善」とは何か「悪」とは何かなど、言語の意味を分析）は現代倫理学に大きな影響を与えた。

31＊直観主義

「善」は物質ではないので、客観的・論理的に分析・判断することはできず、直観でしか捉えられないとムーアは考えた。このように、道徳の本質は論理ではなく、直観で捉えるものだとする立場を**直観主義**という。

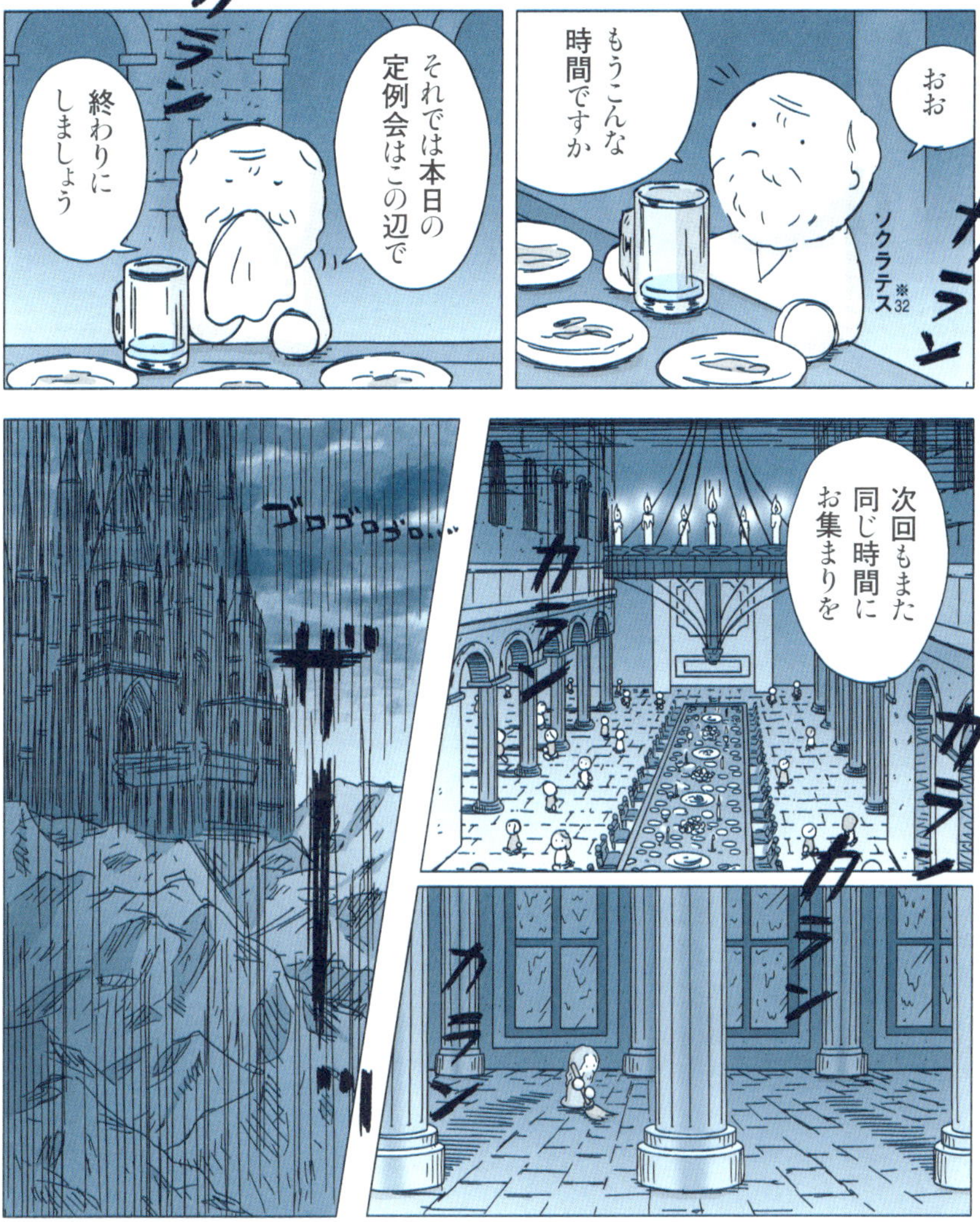

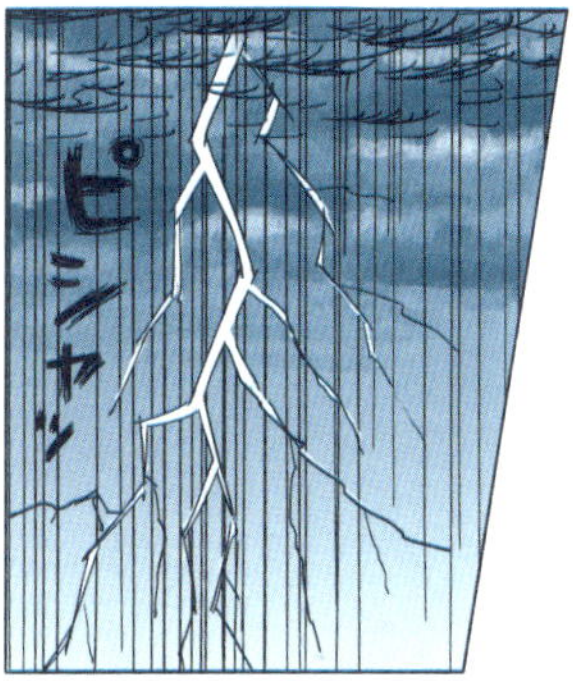

32＊ソクラテス（一章※21）
前469頃〜前399
古代ギリシアの哲学者。

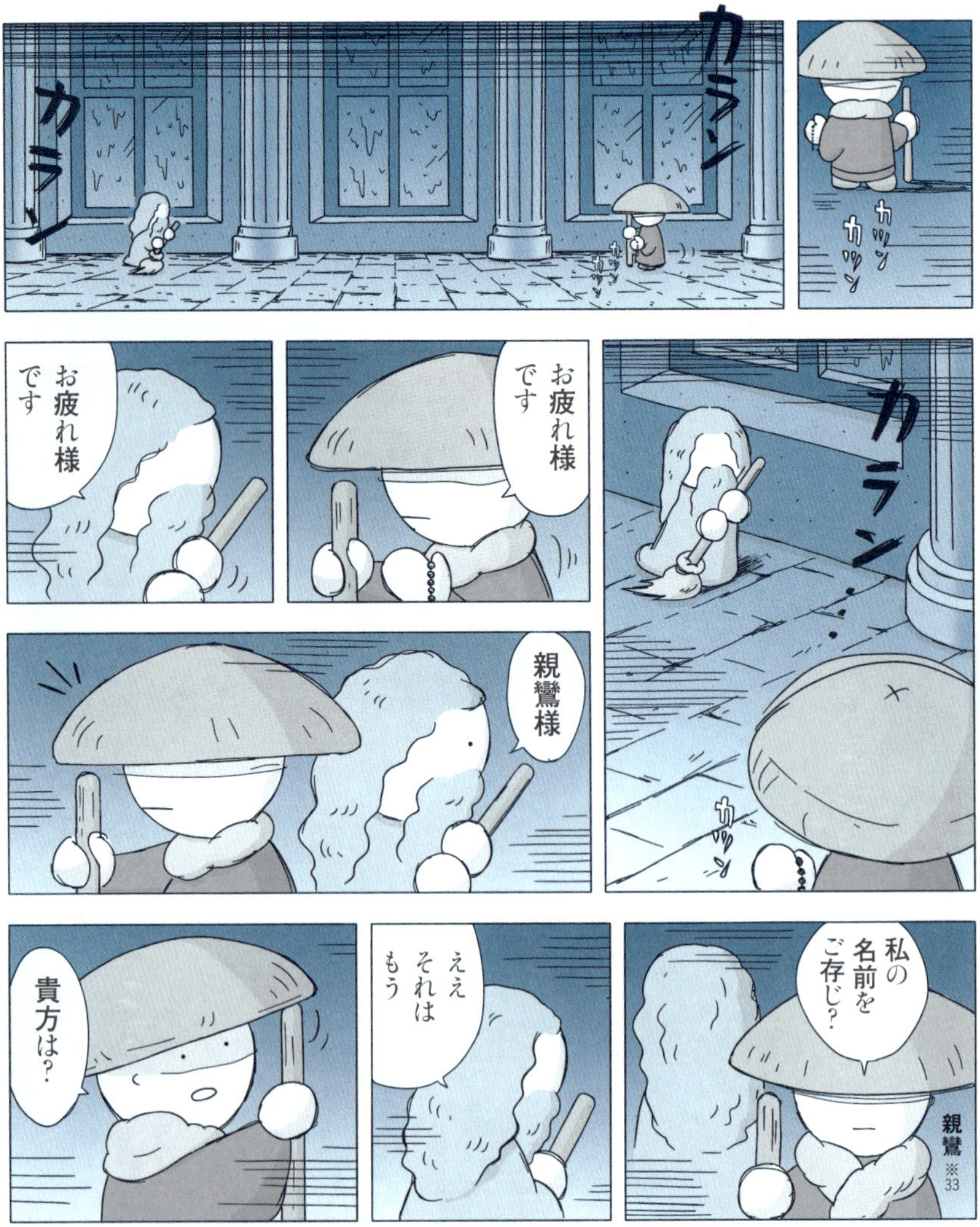

33＊親鸞《しんらん》

1173~1262

日本の僧。浄土真宗の宗祖。下級貴族の子として生まれ、9歳から29歳まで比叡山で修行した。下山後は法然(浄土宗の開祖)に入門したが、法然と共に僧籍を剥奪され、流罪となる。その後は、農民などを対象に各地で布教に努めた。その教えは、イエス・キリストの教えと類似性が高い。「善人なおもて往生をとぐ、いわんや悪人をや」の言葉が有名。

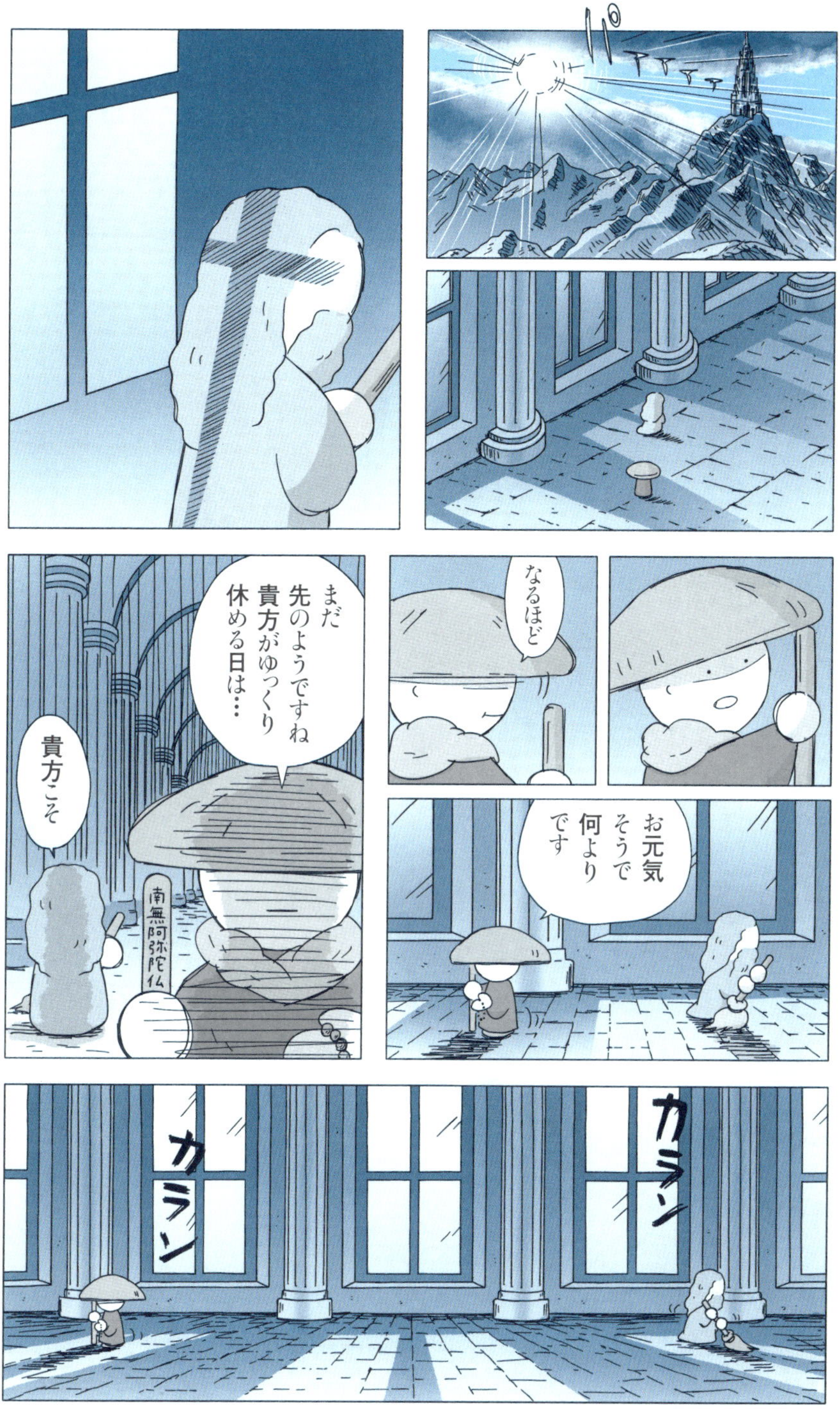
なるほど
お元気そうで何よりです
まだ先のようですね貴方がゆっくり休める日は…
貴方こそ
南無阿弥陀仏
カラン
カラン

THE
IVORY
TOWER

YAPOO! JAPAN ニュース
サバサバ系アクション女優の魚住明子と
首痛い系イケメン男優の細川晴人がW不倫!
「私は私！人は人！」の決めゼリフでお馴染みの弁護士冴木礼子を演じる魚住明子（32）と、首の後ろをさするポーズが魅力の
細川晴人
しかし
不倫のニュース
ばっかりだな
どうなってるの
ほんとに
YAPOO! JAPAN ニュース
メルヘン系ユーチューバーのハーメルンが
コンビニの店内をシャボン玉だらけに!
メルヘン系ユーチューバーのハーメルン（33）が、都内のコンビニエンスストアの店内をシャボン玉で埋め尽くす騒動を起こし、警察
ハーメルン
またか!
もっと
真面目に
生きなさい!
パクリ系
Vチュー
バーの…

ニュース コア ターゲット
F1層の皆様こんにちはニュースの時間です
詐欺罪で刑事告訴されたムーンパネル社が東京地検特捜部の家宅捜索を受けました
この件には広告代理店の電通堂と内閣官房長官の田中太朗議員が関与している模様です
政治と企業の癒着はなくならないなぁ
港区女子のミナ氏とアキバ系IT社長の柏原あきら氏が結婚を発表しました
プロポーズはフラッシュモブ!
NEWS
なんかみんな幸せそう!うらやましい!
でもフラッシュモブは勘弁
金融資産1億円以上の富裕層世帯が過去最多になりました
起業型富裕層
株式投資型富裕層
会社役員型富裕層
暗号資産型富裕層
不動産投資型富裕層
SNSインフルエンサー型富裕層
¥
NEWS
私も半導体の製造会社に投資しとけばよかった!
ダンダンッ
どっちみちそんなお金なかったけど
ヴーヴヴヴ
ハァ….
友達かなぁ?
ピザカードから
【重要なお知らせ】
このたび、誠に勝手ながらカードのご利用を一部制限させていただきました。
つきましては以下へアクセスの上カードの再開手続きにご協力をお願い致します。
●再開手続きはこちらから
https://www. xxxxx.com/index.jp
……

まったく
右を向いても左を向いても世界は不正と不公平にまみれてる！
無理なく痩せる！
ポト
ふぁ
あ～あ
この世界はすべてインチキだ～！
も～いや
ゴロ…
ん？
フクロウ？
なんか付けてる
そ～

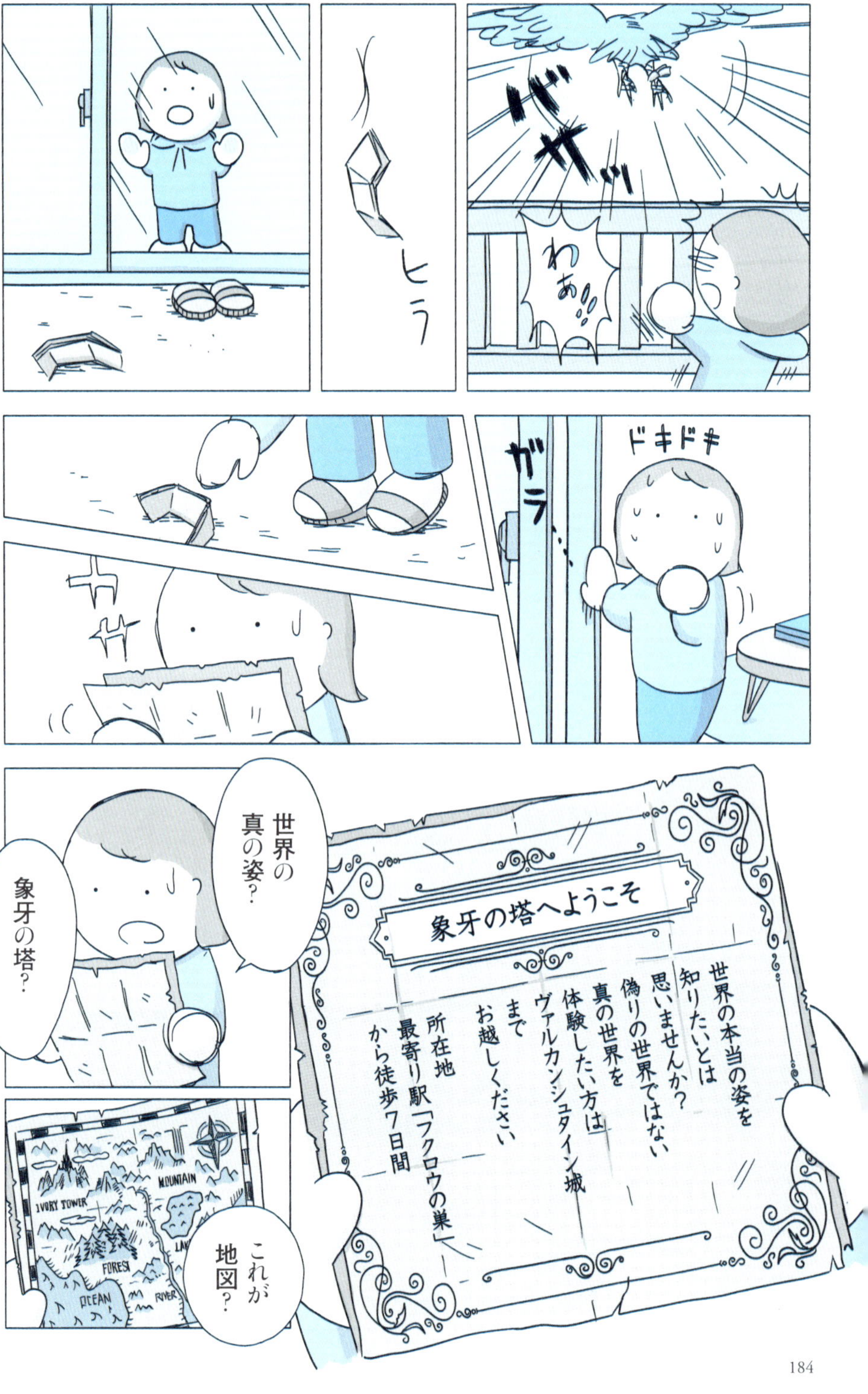

ババッ
わあ!!
ヒラ
ドキドキ
ガラ…
カサ
象牙の塔へようこそ
世界の本当の姿を
知りたいとは
思いませんか?
偽りの世界ではない
真の世界を
体験したい方は
ヴァルカンシュタイン城
まで
お越しください
所在地
最寄り駅「フクロウの巣」
から徒歩7日間
世界の真の姿?
象牙の塔?
へえ…
これが地図?
MOUNTAIN
IVORY TOWER
FOREST
OCEAN
RIVER

結構とーいな！
うっ…
ハッ
そ…
そんなに言うなら…
行ってみようかな…
コクッ
バサ…
よ…
よし！
こんなインチキな世界じゃなくて
本当の世界というものを
見せてもらいに行こう！

あそこだ…

第6章

永遠の瞬間

西田幾多郎と名乗る人物
と
純粋経験

西田幾多郎

1870～1945

日本を代表する哲学者。京都学派の創始者。
石川県河北郡宇ノ気村（現・かほく市）生まれ。
東京帝国大学文科大学哲学科選科卒業。
金沢の第四高等学校の講師、学習院教授などを経て、
京都帝国大学助教授に就任。座禅と思索に打ち込み、
主著『善の研究』で「純粋経験」という概念を提唱した。
その後、京都帝国大学教授に就任。
万物の根底に「絶対無の場所」を据える「場所の論理」を展開し、
禅的・仏教的な概念である「無の境地」を
哲学的な手法を用いて論じた。

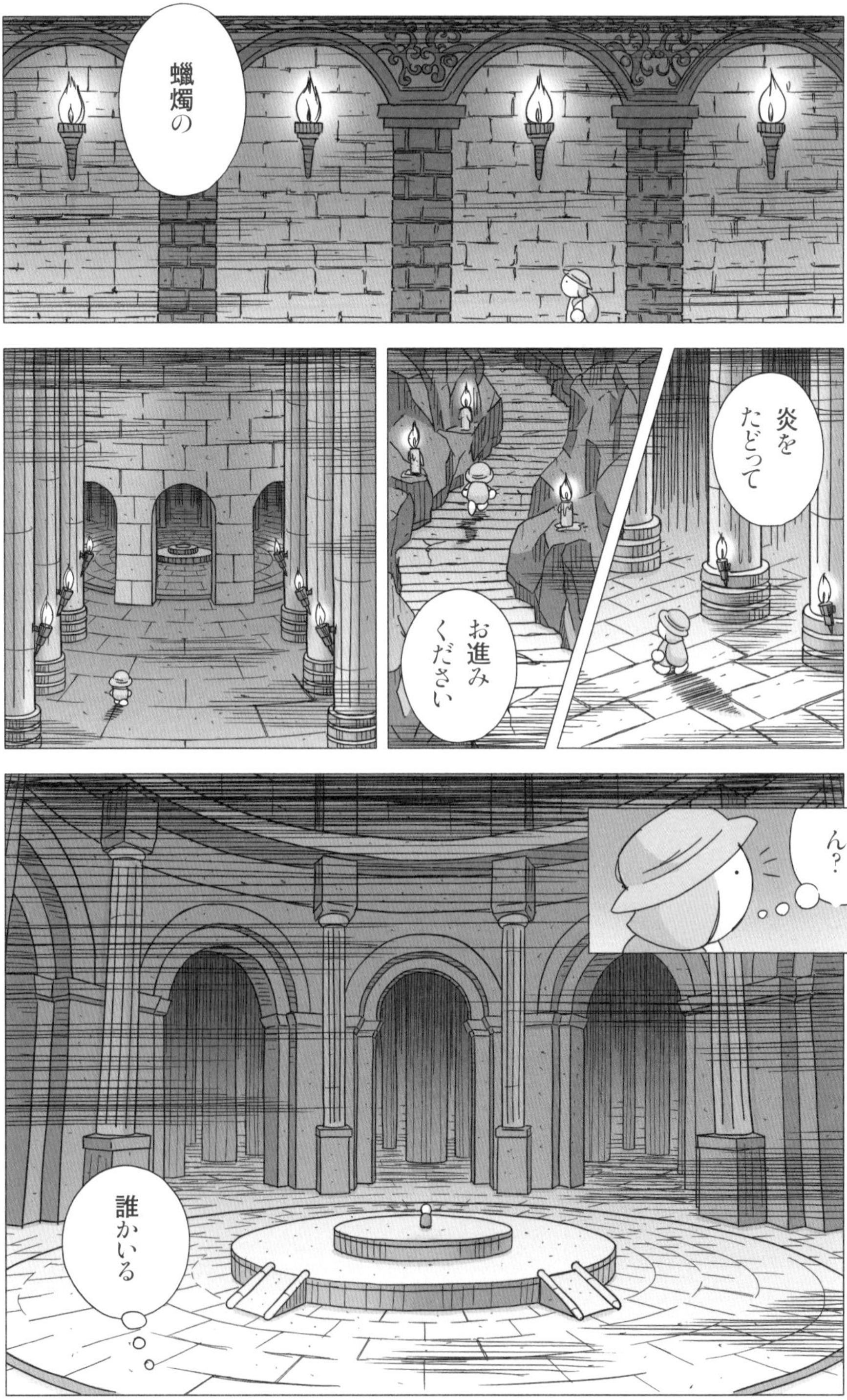
蠟燭の
炎を たどって
お進み ください
ん?
誰かいる

あのう…
ようこそおいでくださいました
あなたは？
西田幾多郎と申します
真の世界を見にはるばると来られたのですね
西田幾多郎
あ はい
見せていただけますでしょうか？
もちろんです
どうぞこちらへ
えっと
じゃあおじゃまします
なるほど
…
ここで瞑想すると真の世界を悟ることができるわけですね
いいえ
違うんですか？
違います

では参りましょう
ゴゴ
少し揺れます
わ!
ゴゴ
!?
ゴゴ
ゴゴゴ
わわわわわ!!!
ゴゴゴゴ
わー!!!
ビュ
ゴォオオオオオオ

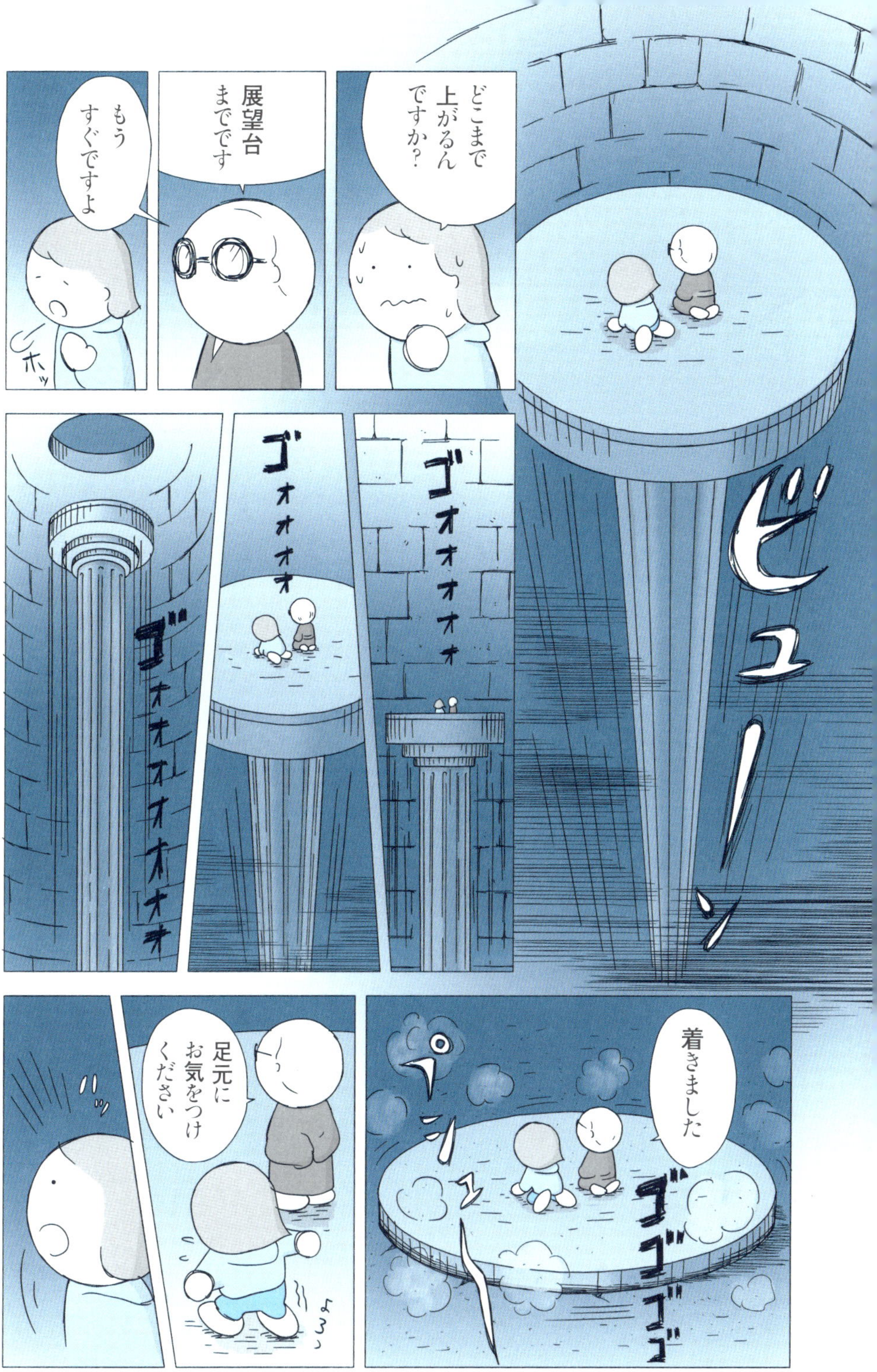
どこまで上がるんですか?
展望台までです
もうすぐですよ
ホッ
ゴォォォォォォ
ゴォォォォ
ゴォォォォォォォ
着きました
ゴゴゴゴ
足元にお気をつけください
よろっ
ハッ

すごい・・・

……
ここはヴァルカンシュタイン城の展望台です
聞こえますか?
ここはヴァルカンシュタイン城の展望台ですよ
はっ!

訪問者　すみません。ここからの景色が美しすぎて、つい、ぼーっとしてしまいました。

西　田　でしょうね。それは純粋経験[※01]です。

訪問者　純粋経験？

西　田　そうです。今のあなたのような経験を純粋経験と言います。

訪問者　景色に見とれてぼーっとしてしまったことですか？

西　田　はい。その純粋経験こそが、真の世界の姿です。

訪問者　どういう意味でしょうか？

西　田　ご説明しましょう。たった今、あなたは、景色に見とれて、時間も忘れ、今どこにいるかも忘れ、重力も忘れ、我をも忘れていましたね。

01＊純粋経験
西田幾多郎の哲学を貫く根本原理。自分（主観）と世界（客観）が分かれる前の経験のこと。西田にとって、**純粋経験**だけが確かに経験した事実であり、そこで経験した世界だけが実在する世界である。純粋経験の後、意識の中に現れる主観／客観図式（主観と客観が分かれている世界。つまり一般的な世界観）は、思考（論理）によって、妥当だと推測・捏造された世界にすぎないと西田は考える。西田は「美妙なる音楽に心を奪われ、物我相忘れ」る瞬間を純粋経験の一例としてあげている。

訪問者　はい。我を忘れていました。

西　田　今しがた、あなたと世界は一体だったはずです。あなたと世界に区別はなかった。あなたは世界、世界はあなたといったところです。

訪問者　はい。確かにそんな感じでした。

西　田　そうした状態を主客未分《しゅかくみぶん》※02と言います。自分（主観）と世界（客観）が分かれていないという意味です。日本の仏教では、無分別※03と呼んだりします。そういう世界が真の世界の姿ということです。

訪問者　普段、生活をしている世界ではなくて、たった今、私が経験したような、私と世界がはっきりと分かれていない世界の方が、真の世界ということですか？

西　田　そうです。時空のすべてが一体化した主客未分の世界の方が、真の世界です。

訪問者　どうして主客未分の世界の方が、真の世界の姿なのでしょうか。

西　田　先ほど、あなたは景色を見て純粋に感動しました。それは紛れもない事実で、疑いようがありません。違いますか？

訪問者　はい確かに心底感動しました。

西　田　そのときあなたは理性を忘れて、世界と一つになった。けれどもだんだん我に返って、「ああ、そうか。自分はこの展望台から景色を見ているんだな」と思

02＊主客未分《しゅかくみぶん》
主観（自分）と客観（世界）が分かれず、一体であること。仏教思想でしばしば用いられる概念。西田は主客未分の経験を**純粋経験**と呼んだ。

03＊無分別《むふんべつ》
主観／客観、善／悪のように、物事を区別して考えないこと。仏教では、そうした区別を超えて真理を捉える智慧《ちえ》を**無分別智**《むふんべつち》という。

い直した。あなたの理性（思考）でそう考え直したわけです。そこで初めて、自分と世界が分かれた。でもそれは事実ではなく、想像です。

訪問者　想像？

西　田　現代人は普通、主観（私）と客観（世界）という主観客観図式[※04]で世界を捉えています。「私が世界を観察している」というように。

訪問者　そ、そうですね。

西　田　でも「まず主観と客観があって、主観が客観を観察している」という主観客観図式は、「そう考えるのが妥当だろう」と、人間の理性で想像した世界観にすぎません。「うわぁ。美しい」という確かな経験がまずあり、そのあと、冷静になって「ああ、そうか。私は美しい景色を見ているんだ」と思い直したとき、世界は初めて、私という主観と、世界という客観に分かれるのです。まず純粋経験が先にあり、その後、あなたの頭の中で、世界はあなたと分かれていった。

訪問者　順番としては、たしかにそういう順番ですが……。

西　田　初めにあなたが感動した世界は、あなたが確かに経験した世界なので、疑いようがありません。けれども、その後にあらわれた主観客観図式による常識的な世界は、理性によって、妥当だと推測された世界のあり方にすぎない。これは疑い

04＊主観客観図式
自分（主観）と世界（客観）が別々に存在し、自分（主観）が世界（客観）を経験しているという図式のこと。デカルトの**二元論**（1章※14）と矛盾しない一般的・常識的な世界観。西田はこれを否定し、自分の経験が先にあり、その後、自分（主観）と世界（客観）が分かれると考えた。

西田幾多郎の世界観（純粋経験）

まず、「美しい」という
疑いようがない確かな経験（＝純粋経験）がある。
この時、私と星空の区別はない。
星空は私（主観）であり、私は星空（客観）である。
この主観と客観が分かれていない世界こそが
疑いようがない真の世界のあり方

しばらくすると、我に返る
（思考が働き始める）

「私は今、展望台から星空を見ているのだ」
というように、
私（主観）と星空（客観）が分かれている
世界のあり方（主観客観図式）が
頭の中に浮かぶ。
しかし、こうした世界のあり方は、
思考（理性）が生み出した世界のあり方であり、
疑いようがある

一般的な世界観（主観客観図式）

まず前提として、
世界（客観）と私（主観）が
別々に存在している

だから

私（主観）が世界（客観）を
経験できる

ようがある。繰り返しになりますが、主客未分《純粋経験》の世界が先で、主観客観図式の世界が後です。ですから、理性という人間特有のフィルターを通す前に、あなたが実際に経験した主客未分の世界の方が真の世界※05となるわけです。主観客観図式は理性が捏造した図式であって、実際に見たわけではない。

訪問者　確かに、実際に見たわけではありませんが……。なんとなくわかったような。わからないような。

西田　なんとなくで十分です。自分《主観》と世界《客観》の間に、実ははっきりとした境界線はないことを、ぼんやりとでも感じていただけたら幸いです。

訪問者　ぼんやりとなら。

西田　純粋経験の後、だんだんと我に返ります。すると思考が、自分と世界を分けていく。ここまではいいですね。

訪問者　は、はい。

西田　自分と世界が分かれたら、今度は、さらに活発化した思考が、世界をより細かく分けていきます。あれは山、あれは星、あれは月、あれは木、川……、というように。純粋経験の間、あなたはまだ「あれは山だ」とか「木だ」「川だ」といった区別はしていなかった。山、川といった物質同士の区別も理性（思考または言語）

05＊世界の真の姿

西田幾多郎は思考（論理、言語）を通す前の**主客未分**（※02）の状態が世界の真の姿だと考えた。**純粋経験**（※01）は実際の経験だが、その後、思考によって導き出された常識的な世界観（科学的な世界＝主観客観図式）は、実際に経験した（見た）わけではないので、事実かどうかはわからない。西田は自らの禅体験でこの考えに行き着いたとされる。

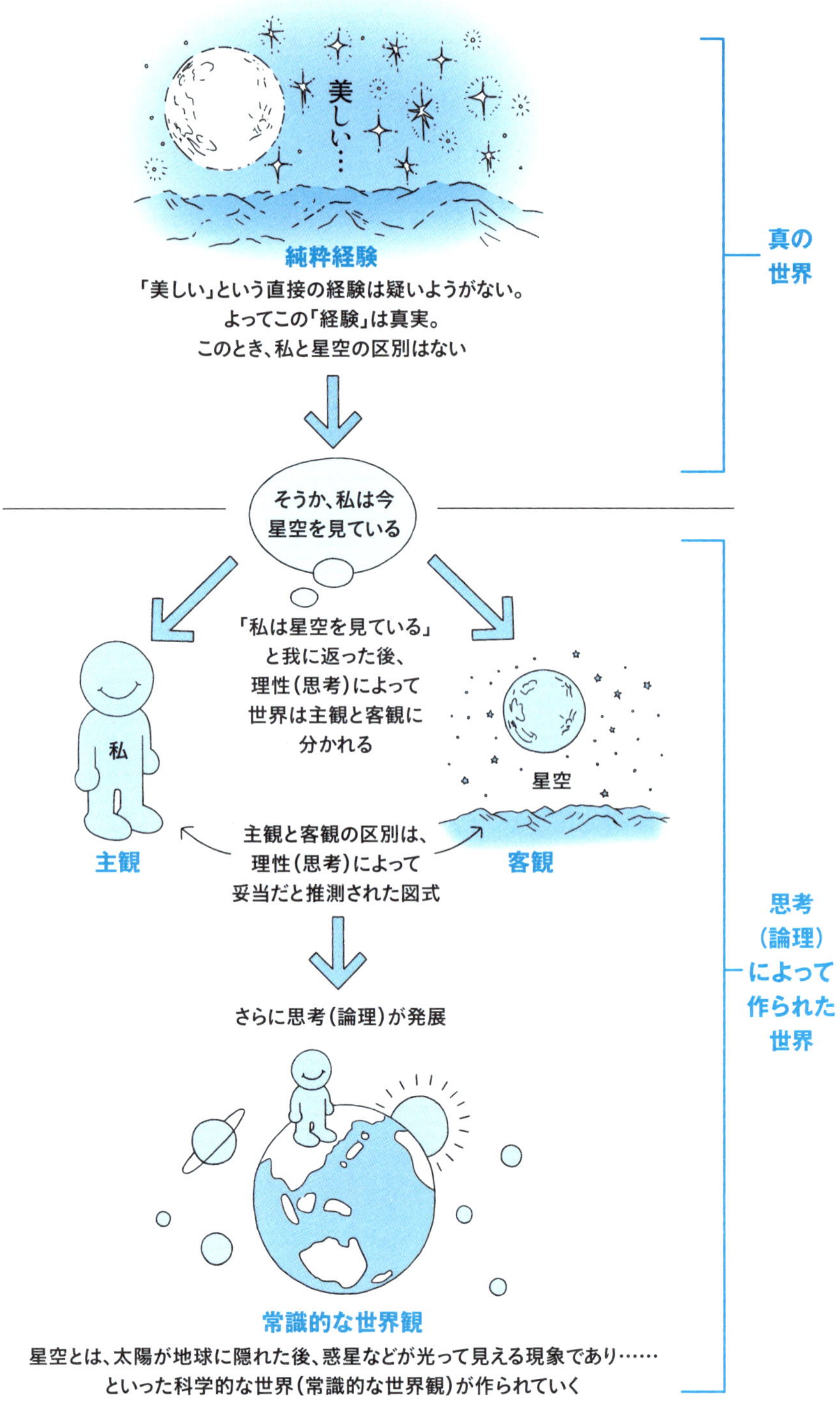

美しい…
純粋経験
「美しい」という直接の経験は疑いようがない。
よってこの「経験」は真実。
このとき、私と星空の区別はない
真の世界
そうか、私は今
星空を見ている
「私は星空を見ている」
と我に返った後、
理性(思考)によって
世界は主観と客観に
分かれる
私
星空
主観
客観
主観と客観の区別は、
理性(思考)によって
妥当だと推測された図式
さらに思考(論理)が発展
常識的な世界観
星空とは、太陽が地球に隠れた後、惑星などが光って見える現象であり……
といった科学的な世界(常識的な世界観)が作られていく
思考
(論理)
によって
作られた
世界

というフィルターを通して作り出されているわけです。

※

西　田　ベルクソン[※06]という哲学者、あるいはフッサール[※07]なら、自分と世界が、実は分かれていないということを次のように説明するかもしれません。ここでいう自分とは自分の意識のことです。

訪問者　はい。

西　田　私たちの意識は、好きな食べ物を見たら反射的に「おいしそう」と感じますし、子供のころ遊んだぬいぐるみに触れたら「懐かしい」と感じますね。

訪問者　そうですね。

西　田　つまり意識というものは、リンゴならリンゴに対する意識、テディベアならテディベアに対する意識、黒い色なら黒い色に対する意識というように、つねに何かに対しての意識であるわけです[※08]。ですから、何も意識する対象がない「意識だけの状態」というのはありえません。

訪問者　確かに何かを見たり考えたりしていない状態というのは、単に「意識がない状態」ということのように思えます。

06＊アンリ・ベルクソン
（4章※28）
1859〜1941
フランスの哲学者ベルクソンは、自分の意識と、その意識が見たり聞いたりしているものをまとめて**イマージュ**と呼んだ。そして、世界は自分のイマージュと他者のイマージュで成り立っていると考え、世界を単純な物質として捉えなかった。西田幾多郎は「ベルクソンの哲学的方法論」と「ベルグソンの純粋持続」という二つの論文でベルクソンの哲学を論じている。

07＊エトムント・フッサール
（4章※21）
1859〜1938
ドイツの哲学者フッサールが提唱した**本質直観**などの概念は、西田幾多郎に大きな影響を与えた。

西　田　はい。私（の意識）とは、常に何かに対しての意識。つまり世界という対象なくして、私であることはできないわけです。自分と世界とは分かれて存在するものではありません。いえ、自分とは世界、世界とは自分のことだと言えます。

訪問者　そう言われると、私と世界は一心同体な気もしてきました。

西　田　自分《主観》と世界《客観》に明確な境界線がないということは、自分と他者にも明確な境界線はないということになります。実際、あなたが怪我をして血を流したら、それを見た私にも痛みが伝わるでしょう。

訪問者　そうかもしれません。

西　田　私にとって、ここからの風景は見慣れています。でも、先ほどあなたと一緒に見たら、初めて見る風景のようでした。それはあなたがこの風景を初めて見たからです。あなたの感情が私にも伝わってくるのです。

訪問者　なるほど。自分の意識と他人の

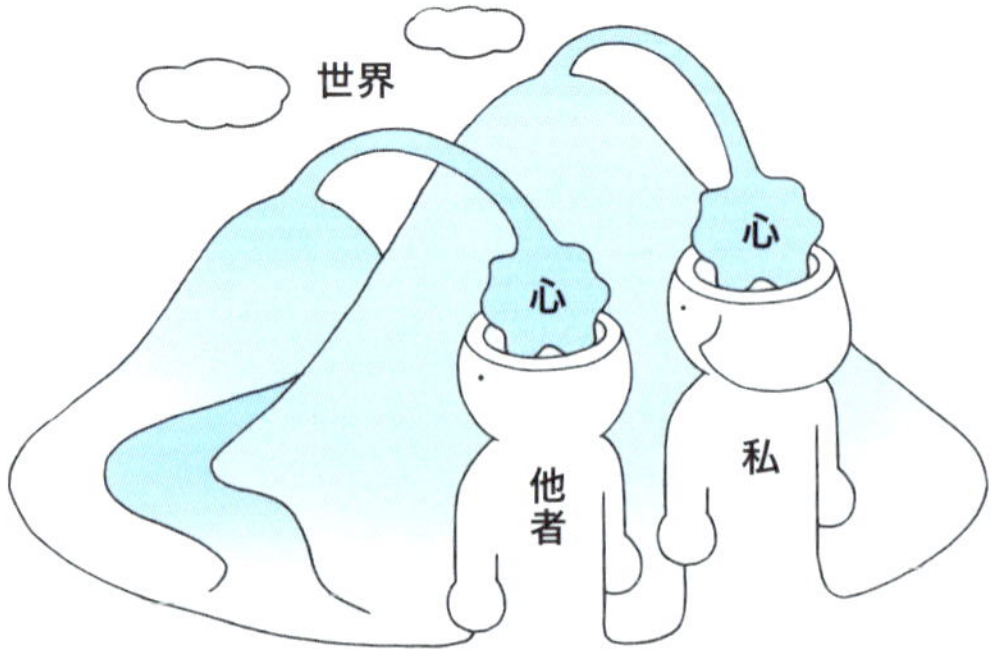

私の心（意識）と他者の心、そして
世界（自分の身体を含むあらゆる物質）は、
すべてつながっている

08＊志向性
フッサールは、意識をさまざまな意識内容が詰め込まれた箱のようなものとは考えなかった。彼は、意識とは、常に何かに向けられたものであり、たとえばリンゴならリンゴに対する意識、バナナならバナナに対する意識というように、特定の対象に向かう性質を持つとした。このような意識の性質を**志向性**という。

意識の境界もあやふやなんですね。

西　田　はい。もちろん一人ひとりの考えは違って然るべきです。でも、森にある一本一本の木が、実は根っこでお互いに支え合っているように、私たち一人ひとりの意識も、根底では、思いやりの心《同情心》で支え合っているのかもしれません。そうやってすべては通じ、すべては共にある。

※

西　田　印象派[※09]の絵をご存じですか。

訪問者　はい。モネの「睡蓮」の絵は大好きです。あと、「日の出」[※10]でしたっけ？あの絵もいいですね。

西　田　印象派は、理性《言語》（思考）のフィルターを通す前の印象を絵にしようとしているように思えます。世界が理性（思考）のフィルターによって、細かく分かれる前の純粋な世界を捉えようとしているのではないでしょうか。

訪問者　はあ。それであんなに輪郭がぼやけているんですね。純粋経験を絵にしようとしている。

西　田　私にはそう思えます。

09＊印象派
19世紀後半にフランスで始まった絵画を中心とした芸術運動。印象派は、対象を理性で解釈する前の、印象を表現しようとした。そのため線や輪郭（境界）が曖昧に描かれている。

10＊「印象・日の出」
1872年にクロード・モネが描いた絵画。この絵画がきっかけとなって「印象派」という芸術運動が生まれた。

『印象・日の出』クロード・モネ

訪問者　なんだかあの曖昧な境界が、心に沁みてきました。

西　田　カントという哲学者なら、山と川のような区別が、単なる人間の思考の産物だということを、こう説明するでしょう。「人間は人間の限られた認識能力の範囲でしか、世界を見ることはできない。そして、その範囲で人間は、あれは木、あれは川というように区別している」[※11]。

訪問者　なるほど。

西　田　ソシュール[※12]なら、カントとはまた違った説明をするかもしれません。

訪問者　ソシュール？

西　田　はい。近代言語学の父と言われているスイスの言語学者です。先ほどのカントは、人間はみんな同じ認識の仕方をすると考えました。ただ、国や文化圏によって認識の仕方は違います。ご存じですか？　フランス人は蝶《ちょう》も蛾《が》もパピヨンと呼びます。

訪問者　知りませんでした。フランス人は蝶と蛾の区別をつけないんですね。

西　田　はい。つまりフランス人にとって蛾は存在しません。蛾という存在があるから、それに蛾と名づけているのではないということがおわかりでしょうか。まず一つひとつの要素が存在していて、それに名前が振り当てられているのではなく、

11＊カントの認識論
カント（4章※22）は、人間が持つ感覚器官が捉える範囲内でしか世界を知り得ないと考えた。この考え方に従えば、私たちが知ることのできるのは、世界の本当の姿ではなく、感覚器官を通じて作り上げられたものに過ぎないということになる（4章※23参照）。

12＊フェルディナン・ド・ソシュール
1857〜1913
近代言語学の基礎を築いたスイスの言語学者。1890年からジュネーヴ大学教授。主著『一般言語学講義』は、クロード・レヴィ＝ストロースやラカン（※21）らの構造主義に大きな影響を与えた。

人間が、何かの都合で、世界を便宜的に言語で区切ることで、一つひとつの要素が存在できているのです。[※13]

訪問者　さすが、言語学者ならではの発想という気がします。

西　田　そうですね。ドイツ人は虹を5色と考えますが日本人は7色と考えます。また、イギリス人やアメリカ人は、巣穴を作るウサギをラビット、巣穴を作らないウサギをヘアと呼びますが、日本語にそういう区別はありません。日本人とは似ても似つかない世界の区切り方をしている文化圏だってあるはずです。

訪問者　あるような気がします。

西　田　これは、同じ言語を話す人同士でも同じことです。例えば「他人」という言語がどこまでの範囲を指すのか、人によって違います。[※14]

訪問者　なるほど。自分以外はみんな「他人」だとする人もいれば、恋人や自分の家族、自分と同性、自分と同年代、自分と同じ民族の人を「他人」とはしない人もいそうです。一人ひとりが、その人ならではの区切り方をしていますね。

西　田　しかも、その区切り方は、時と場合によってコロコロと変わる。家族は普段は「他人」でも、困った時は一心同体、「他人」ではなくなるかもしれない。人によっても、場合によっても区切り方が異なるということは、自分と他人の境界は確固た

13＊言語の恣意《しい》性
音声（言葉）と意味の結びつきに必然的な理由はないことを**言語の恣意性**という。ソシュールは、言語による切り分け方が異なれば、世界も異なったものになると考えた。

14＊翻訳の不確定性
アメリカの哲学者ウィラード・O・クワインは、自分と他者の間で、言葉が指す対象や意味が一致していると保証するものはないと考えた。これを**翻訳の不確定性**という。

るものではないと言えます。この角度から考えても、物事の境界はあやふやです。

訪問者　そういう考え方があるんですね。

西　田　宇宙から地球を見れば、山も川も空も海も、人も木も動物も、世界のあらゆるものは分かれて存在しているわけではなく、その境界は曖昧だということがよくわかるそうです。人間の区切り方は独特です。

※

西　田　中国には道教[※15]という教えがあります。欧米ではタオイズムと呼ばれていますが、聞いたことはあるでしょうか。

訪問者　道教についてはほとんど知りません。でも興味はあります。

西　田　道教は、道家の老子[※16]や荘子[※17]の教えから生まれました。

訪問者　老荘思想[※18]ですね。高校の教科書に載っていました。

西　田　はい。荘子は2300年以上前に「万物斉同《ばんぶつせいどう》」[※19]という言葉を残しています。

訪問者　難しい言葉ですね。

西　田　万物はみんな斉《ひと》しい（斉同）という意味です。先ほどお話しした、自分と世界、自分と他者、山と川といった区別だけでなく、高と低、優と劣、善と悪といっ

15＊道教
中国三大宗教（儒教・仏教・道教）の一つ。**道家**（老子や荘子の教えを奉ずる学者の総称）の思想を根本とし、その上に長い年月をかけてさまざまな文化的な要素が加わった民族宗教。

16＊老子
前571頃～前471頃
中国春秋時代の思想家。儀礼を重んじる孔子の儒学に真っ向から反対し、自然に逆らわず、あるがままに生きる**無為自然**の道を説いた。**道家**の祖と位置づけられる。

17＊荘子
前369頃～前286頃
老子の思想の継承者であり、**道家**の思想家。善悪、是非といった区別は人為的であり、本来、万物に価値の優劣はないと説いた。

た価値の優劣も、もちろん人間の思考の産物です。人間は、さまざまな価値を作り出してきた。でも、人間が存在しなければそんな価値は存在しない。そうした区別がある世界は、人間が作った世界であって、元からあった世界ではない。それらすべての人為的（言語的）区別を取りのぞけば、万物斉同、つまり無分別の世界が残ると荘子は考えています。

訪問者　荘子は紀元前の昔から、分別のない世界を捉えていたんですね。

西　田　はい。荘子はそういう万物斉同（無分別）の世界のことを「道《みち》」※20と呼びました。そして自らも意識的にその「道」と一体化することを理想とした。「道」と一体化できれば、自由を手に入れ、すべての悩みが消えるそうです。

訪問者　道教でいうところの「道」とは、そういう意味だったんですか。

西　田　実は、人間はみな、2歳くらいまでは、万物斉同の世界を生きているのではないでしょうか。つまり2歳くらいまでは、みんな道と一体化している。

訪問者　どうしてですか？

西　田　幼児は、世界を言語という理性で捉えていないからです。2歳くらいより前の記憶がないのは、そういう理由があるとも言われています。

訪問者　世界の捉え方が、2歳くらいを境にガラッと変わってしまうんですね。2

18＊老荘思想
老子と荘子の教えの総称。

19＊万物斉同《ばんぶつせいどう》
荘子が説いた、すべてのもの（万物）は同じ（斉同）という思想。人の認識は善悪、大小、上下などの概念で成り立っている。しかしそうした区別は人間特有の価値基準にすぎない。道という立場から見れば、万物の価値はみな等しい（斉しい）と荘子は考える。

20＊道
老子がいうところの**道**とは作用・反作用、因果律、経年変化などの自然法則だけで成り立つ場所のこと。一方、荘子にとっての**道**とは善悪、優劣、美醜、大小などの人為的な区別のない場所のこと。どちらも人間が捏造した価値が存在しない根源的な世界を指す。

歳から先は世界を理性で捉えはじめる。

西　田　はい。乳児は言語のフィルターを通して世界を見ていません。ですから、自分と世界、自分と母親に区別はないと思います。乳児は、自分がお腹が空いていたら、母親も自分と同じようにお腹が空いていると思うものです。自分は母、母は自分であり、自分は世界、世界は自分です。もちろん優劣、善悪といった価値の区別にとらわれることもない。

訪問者　確かに赤ちゃんが生きている世界は、主客未分、万物斉同ですね。

西　田　乳児はいつも「道」と一体化しているから自由です。

訪問者　羨ましい。私も赤ちゃんみたいに、いつも道と一体化していたいです。

※

西　田　乳児もそうですが、人は死の直前も、さまざまな分別を重要とは思わなくなるのではないでしょうか。大か小か、強か弱か、優か劣か、正か誤か……、そういう言語的な区別は、この世界を離れるときには重要でなくなる。

訪問者　確かに、この世界を離れるわけですから、もはやそんな分別は重要ではなくなるのかもしれません。この世界を離れる直前に、空と山を言語で区切る必要は

21＊ジャック・ラカン
1901～1981
フランスの精神医学者、精神分析学者、哲学者。**構造主義**の一人として数えられる。カトリックのブルジョワ階級の家に生まれ、高等師範学校で哲学を学んだ後、パリ大学で精神医学を学んだ。ジークムント・フ

どこにもなさそうですね。最終的には、自分と世界の区別とか、生と死の区別さえも重要ではなくなるのかも。

西　田　はい。ですからラカン[※21]という哲学者は、この世俗的な価値でできた世界を離れるとき、人は真の世界を認識することができるのではないかと考えています。

訪問者　息を引き取る直前、言語で区切られる前の世界を捉えることができるというわけですね。

西　田　そうです。普段私たちは、言語的な区別をしないで社会生活を送ることなどできはしません[※22]。けれども、この世界での自分の役割を終え、そういう区別が重要でなくなる心境になったとき。人は世界をどう認識するのか。

訪問者　確かに、そのときは、理性が解釈した世界ではない、真の世界の姿を認識することができるような気がします。

西　田　そして、そのまま、私たちをやさしくおおっているものに帰っていく[※23]。

※

訪問者　私たちはこの世界を離れる直前までは、やはり言語で区切られた世界を生きていくしかないのでしょうか。

ロイトの**精神分析**に影響を受け、1964年にパリ・フロイト派を結成。ラカン派と呼ばれる多くの弟子を育てた。

22＊現実界
ラカンは、言語のフィルターが取り払われた世界を**現実界**と呼ぶ。通常、人は現実界に到達できない。しかし、死の直前や、幻覚や芸術に現実界は表れることがあるとラカンは考えた。

23＊連続性
フランスの哲学者ジョルジュ・バタイユは以下のように述べている。「人は、生きているときは、他者や世界と切り離されている不連続な存在である。しかし死によって、他者や世界と一体となり、何かしら永遠なものになって**連続性**を手に入れる」。

西　田　人は、ときに万物斉同の世界を体現することができます。
訪問者　あ、先ほどの純粋経験がそうですね。
西　田　はい。純粋経験は、何かに見とれたり、聞き惚れたりするとき以外にも、創作や研究、スポーツに我を忘れて没頭しているときも、体現できます[※24]。
訪問者　確かにそういうときは重力も空間も時間も忘れてしまいます。自分と世界の区別さえも忘れた永遠の瞬間なのかもしれません。
西　田　はい。まさに「道」と一体化している瞬間ですね。「道」と一体化すれば、この世界の世俗的な区別に囚われなくてすむ。そういう真に自由な心の状態から「善」[※24]というものが生まれると私は信じています。
訪問者　どうすれば、いつも道と一体化して生きられるのでしょうか？　何かに感動しているとか、集中しているとか、死ぬ直前とか……。そういう特別なときではなく、普通に社会生活を送っているようなときでも、道と一体化できますか？
西　田　意識的に道と一体化するのは難しいですね。人間は育った環境の言語や価値に影響されて生きています。どうしたって言語のフィルターを通して世界を見てしまう。言語で世界を理解するからこそ人間とも言えますから[※25]。
訪問者　やっぱりそうですか。

24＊善の研究
本当にやりたいことに没頭しているとき、重力も感じなければ時間の感覚もなくなり、自分と世界が一体となる。この状態（**純粋経験**）にあるときこそ、人は真の個性を発揮していると西田幾多郎は考えた。自分と世界が一体であれば、自分の真の個性は、他者の真の個性と一体となる。西田の考える**善**とはこうした世界を指す。つまり、こうした世界、すなわち善は、純粋経験の折に世界と一体となった自分の中にあらわれる。

西　田　ただ、心斎坐忘《しんさいざぼう》※26という修行を完成すれば、常に道と一体化していられるとされています。この心斎坐忘の精神は、日本の禅に受け継がれています。

訪問者　禅ですか。

西　田　心斎坐忘を完成して、道との一体化に成功した人物は、真人《しんじん》※27と呼ばれます。

訪問者　真人。なんだか凄そうです。

西　田　真人になれば、この世界に存在するすべての区別を忘れ、意識しなくなるそうです。自分と世界、自分と他者、優と劣、生と死。そうした区別を意識しなくなる。すると、心の中の苦しみや不満がいっさいなくなり、真の自由を実感できる。

訪問者　でも、その心斎坐忘という修行、かなりきつそうですね。

西　田　はい。現代で心斎坐忘は、現実的ではないかもしれません。

訪問者　そんな。どうすれば私でも真人みたいになれますか?

西　田　そうですね。普段から、大きいか小さいかとか、優れているか劣っているかとか、得か損かとか、そういう差異に敏感になりすぎないように心がけるのはどうでしょう。そういう区別に、大きく心を振り回されない人が現代の真人ではないかと。

訪問者　なるほど。なかなか難しそうですが、心がけてみます。

西　田　心の振り子がすぐに激しく揺れることのないようにしたいものですね。常

25＊記号
ラカンと同じ**構造主義**の哲学者ロラン・バルトは、人間は太陽を「エネルギー」と捉えたり、森を「癒やし」と捉えるなど、何を見ても、純粋にそのものではなく、何かしらの**記号**として捉えてしまうと考えた。

26＊心斎坐忘《しんさいざぼう》
道と一体化するべく、心を空っぽにして、善悪、優劣、大小などの差別をすべて忘れ、**明鏡止水**（澄み切った心）の境地に至るまでの修養。**心斎坐忘**によって明鏡止水の境地に至った人物を荘子は**真人**と呼んだ。

27＊真人
心斎坐忘を完成させ、澄みきった心の人物。荘子は、真人になれば苦しみや不満がいっさいなくなり、真の自由を実感できると説く。

に大小、優劣、損得を気にして行動していたら、その場その場では成功するかもしれません。でも、人生全体で見たら、それが本当に善いとは限らない。

訪問者　そうですね。

西　田　それと、自分と世界、自分と他者に境界がないことは、忘れないほうがいいように思います。他者と自分が通じているのなら、例えばＳＮＳで他者を攻撃すれば、それは自分を攻撃することになります。

訪問者　はい。

西　田　反対に、自分が楽しめば、その楽しさは自分だけでなく人にも伝わります。

訪問者　自分が楽しめば、それが他人のためにもなるのは嬉しいです。

西　田　自分が世界を再発見すれば、誰かが同じように世界を再発見する。

訪問者　素敵です。でも、人と人の意識が、分かれているのではなく、つながっているというわりには、この世界には、いがみ合いが絶えないように思います。社会の分断も、むしろ大きくなっているようですし、戦争も繰り返されています。

西　田　おっしゃる通りです。

訪問者　私たちの心は本当に通じているのでしょうか。

※

28＊「D-Day 6.6.44」（制作ＢＢＣ、２００４年イギリス）

29＊ノルマンディ上陸作戦　１９４４年6月、英米連合軍は史上最大の作戦とされる、ドイツ占領下の北フランス・ノルマンディ海岸への上陸作戦を決行した。約15万人の英米を中心とした連合軍兵士が海から上陸し、ドイツ軍の防衛線を破ってノルマンディ海岸を突破した。この作戦は、ドイツの崩壊を加速させ、8月にはパリが解放。第二次世界大戦終結への契機となった。

30＊「プライベート・ライアン」（１９９８年アメリカ）など。

西　田　第二次世界大戦を扱った、あるドキュメンタリー[※28]を観たことがあります。このドキュメンタリーがどのような意図で制作されたのかはわかりませんが、このドキュメンタリーの中で、インタビューに答えていた元アメリカ兵の体験談が印象に残っています。

訪問者　と、言いますのは？

西　田　そのインタビューに答えていた元アメリカ兵は、かつて連合軍の兵士としてノルマンディ上陸作戦[※29]に参加したとのことでした。ご存じの通り、ノルマンディ上陸作戦は、第二次世界大戦末期に、15万人もの英米連合軍の兵士が、ドイツ占領下のノルマンディ海岸に海から攻め入るという作戦です。作戦自体は連合軍の成功に終わりました。けれども、数多くの兵士が犠牲になってしまいました。

訪問者　ノルマンディ上陸作戦は映画[※30]で観たことがあります。

西　田　はい。その元アメリカ軍兵士は、海岸から猛攻撃してくる敵のドイツ兵の銃弾をかわし、なんとか海岸を抜けて、数

ノルマンディ上陸作戦

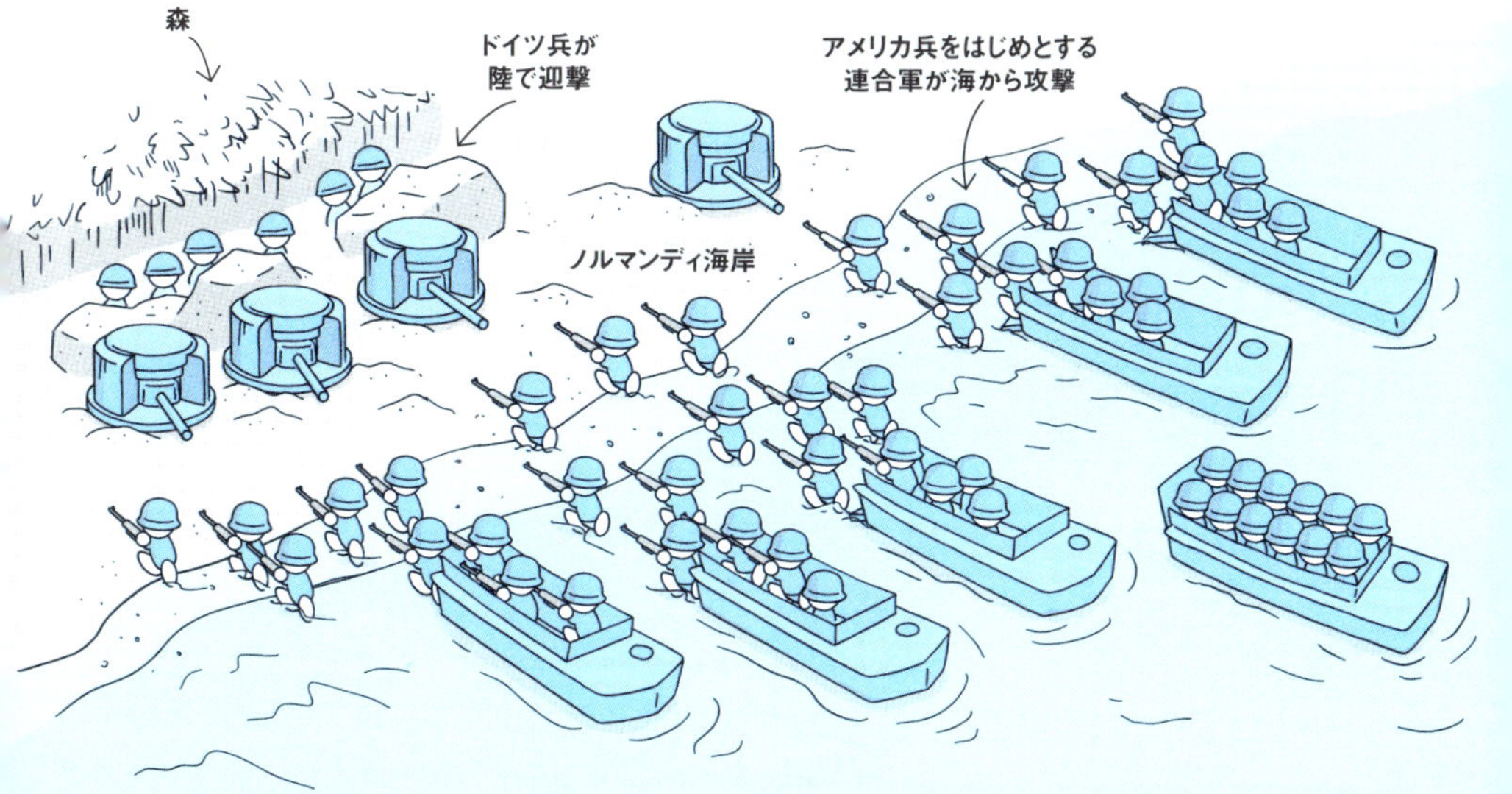

人の仲間と内陸の森の中に入りこむことに成功しました。けれども彼らは、森の中でも、樹木の間から発砲してくる見えないドイツ兵に苦しめられます。実際、仲間も数人、この森の中で命を落としました。

訪問者　……はい。

西　田　彼は、一人のドイツ兵に狙いを定め、発砲します。銃弾はそのドイツ兵に命中しました。

訪問者　……。

西　田　彼は、自分が撃った瀕死のドイツ兵に近づきます。

訪問者　はい。

西　田　すると、やがて絶命するであろうそのドイツ兵は、タバコを吸わせてくれというジェスチャーをしました。

訪問者　自分を撃った相手にタバコをもらおうとしたということですか？

西　田　そうです。ドイツ兵は、自分を撃った敵のアメリカ兵にタバコを要求したのです。アメリカ兵は自分が持っていたタ

海岸を抜けて森に入るアメリカ兵と、迎え撃つドイツ兵

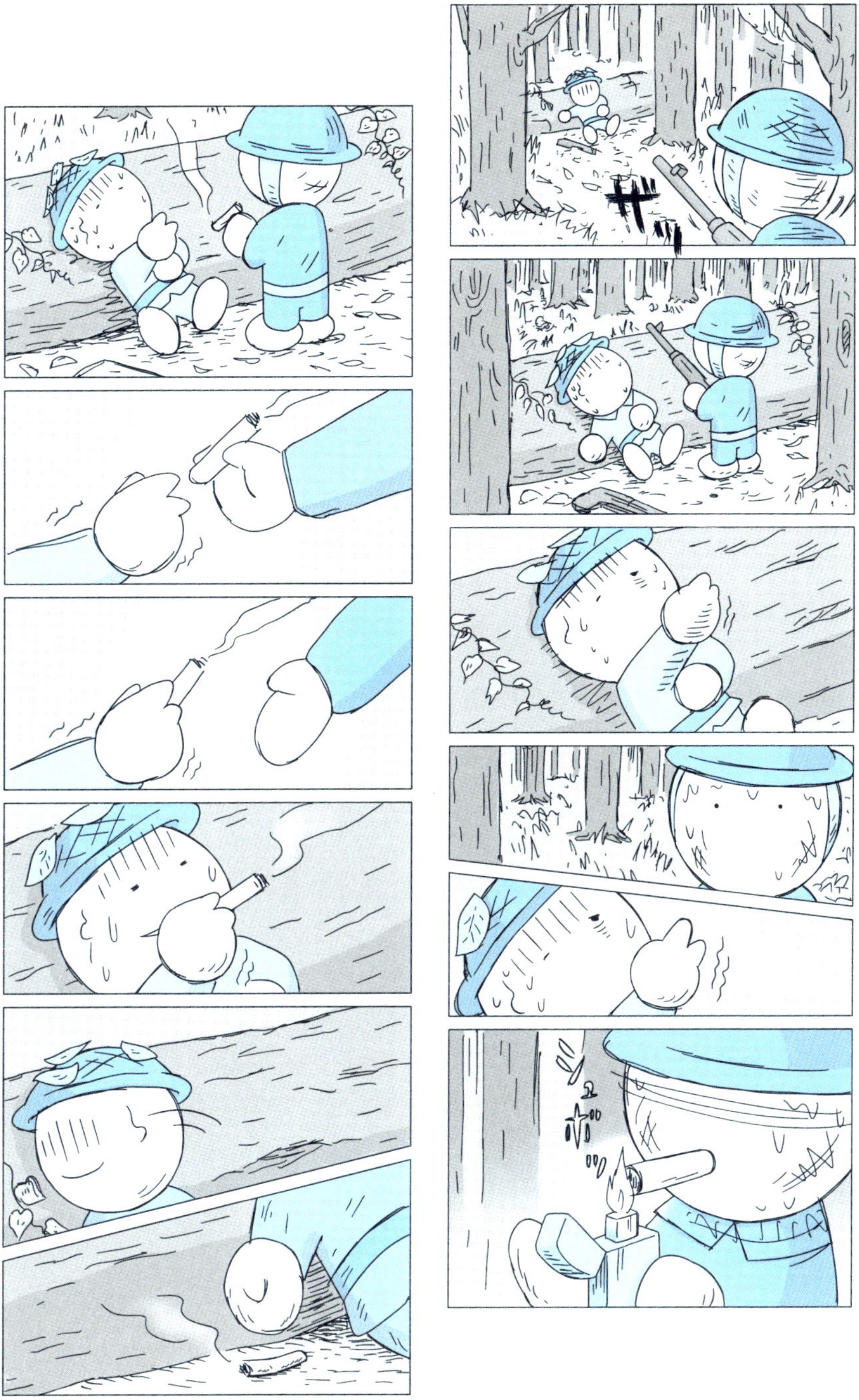

バコに火をつけ、ドイツ兵に差し出しました。ドイツ兵はそれを受け取り、一服すると息絶えたそうです。

訪問者　そうですか……。

西　田　ドイツ兵は、なぜ自分を死に至らしめた敵にタバコをもらおうとしたのだと思いますか？　最後に一服したかっただけではないと思います。そのドイツ兵は自分がたとえ喫煙者でなかったとしても、タバコを要求したように思います。

訪問者　そのドイツ兵は、世界に絶望しながら死にたくはなかったのではないでしょうか。この世界は、究極的には、やっぱり温かく優しい場所であることを実感しながら旅立ちたいと思った。

西　田　私もそう思います。絶望ではなく、善[※31]と共に死ぬためには、他の誰でもない、あえて自分を撃った相手からタバコを受け取る必要があった。

訪問者　そのドイツ兵は、一人で逝くことにならなくてよかったです。自分は相手の仲間を撃ったわけですから、相手にタバコを拒否される可能性もあったはず。タバコを要求することは、ドイツ兵にとって大きな賭けだったと思います。もし拒否されたら、ドイツ兵は、絶望の中で死ぬことになってしまいます。

西　田　そうですね。でもそのドイツ兵は、目の前のアメリカ兵が、自分にタバコ

31＊善
西田幾多郎は、対立しているものは、実は根源で一つにつながっていると考えた。これが真理であるかぎり、対立は「争い」ではなく、個性と個性が愛情でつながる「共存」であるはずである。西田にとって善とは、こうした共存のことである。

を差し出してくれないはずはないと確信していたのかもしれません。旅立つとき、彼には見えていたのだと思います。敵とか味方とか、正義とか悪とか、自分とか他者とか、そういった区切りのない世界が。

訪問者　死の直前、言語を超えた世界が見えたんですね。ラカンが言ったように。

西　田　はい。ドイツ兵は旅立つ直前、世界の真の姿を意識化した。その意識が相手のアメリカ兵にも伝わり、アメリカ兵はタバコに火をつけた。私はそう思いたい。

※

訪問者　今のお話を聞いて思い出したことがあります。あ、いえ、今のお話とは、多分全然関係のない、もっとありきたりな、たわいもない出来事です。

西　田　どんな出来事ですか。

訪問者　小学生のころ、よく一緒に遊んでいた仲良しグループの中に、取り立てて仲が悪かったわけではないのですが、なんとなく気が合わない子がいたんです。みんなとワイワイやることが大好きな私と違って、その子はいつも誰かが話すのをおとなしく聞いていました。細かいことは考えないガサツな私と、人の気持ちをいつも考える繊細さんな彼女。まるで正反対の性格だったから、話すことがあまりなかっ

たんだと思います。

西　田　よくありそうなことですね。

訪問者　ある日、その子は、お父さんのお仕事の都合で遠くに転校していくことになりました。

西　田　子どもにとって、お友達とのお別れは寂しいでしょうね。

訪問者　最後の登校日、その子は私だけにプレゼントをくれたんです。私より、もっと仲がよかった他の子にではなく。あえて私に。もう会うこともないかもしれないのに。なぜなのかなって、そのときは思いました。

西　田　何をもらいましたか？

訪問者　キーホルダーです。彼女のランドセルに付いていたのを見て、一度だけ「それかわいいね」って言ったことがあったんです。それを覚えていてくれたんだと思います。彼女はそれを私に渡してくれました。いつものようにオドオドした感じで。

西　田　その子は別れる前に、なぜか、そんな気持ちになったのですね。

訪問者　敏感で思いやりのある彼女にとって、鈍感で自分第一な私は、まるで得体の知れない、全くの「他者」だったのかもしれません。だからこそ……。

西田　だからこそ、彼女はどうしてもあなたにそれを受け取ってもらいたい気持ちになった。別れる前に。

訪問者　はい。今では、そう思えます。

西田　いつもは見えない、万物が通じている世界が、そんなふうに、ふと、日常の中に顔を出すことがあるのですね。

訪問者　それで、実は先日。最寄りの駅で彼女を見かけたんです！

西田　それは、それは。

訪問者　あれから20年以上経っていますが、確かに彼女でした。スーツを着てたので、近くで働いているのかもしれません。なんだかいきいきしてました。

西田　声をかけましたか？

訪問者　それが。ぼーっと後ろ姿を目で追ってしまって。

西田　声をかけ損ねてしまった？

訪問者　はい。でも、つぎに出会ったら必ず。

西田　我《理性》を忘れ、すべてが一つになった永遠の瞬間。純粋経験ですね。そのとき、あなたがいた世界こそが真の世界だと思います。〈了〉

EPILOGUE

ハァ
ハァ
ずいぶん歩いたな
ここらで休もう
ドタッ
もうダメ
帰ったらまたあの生活かあ

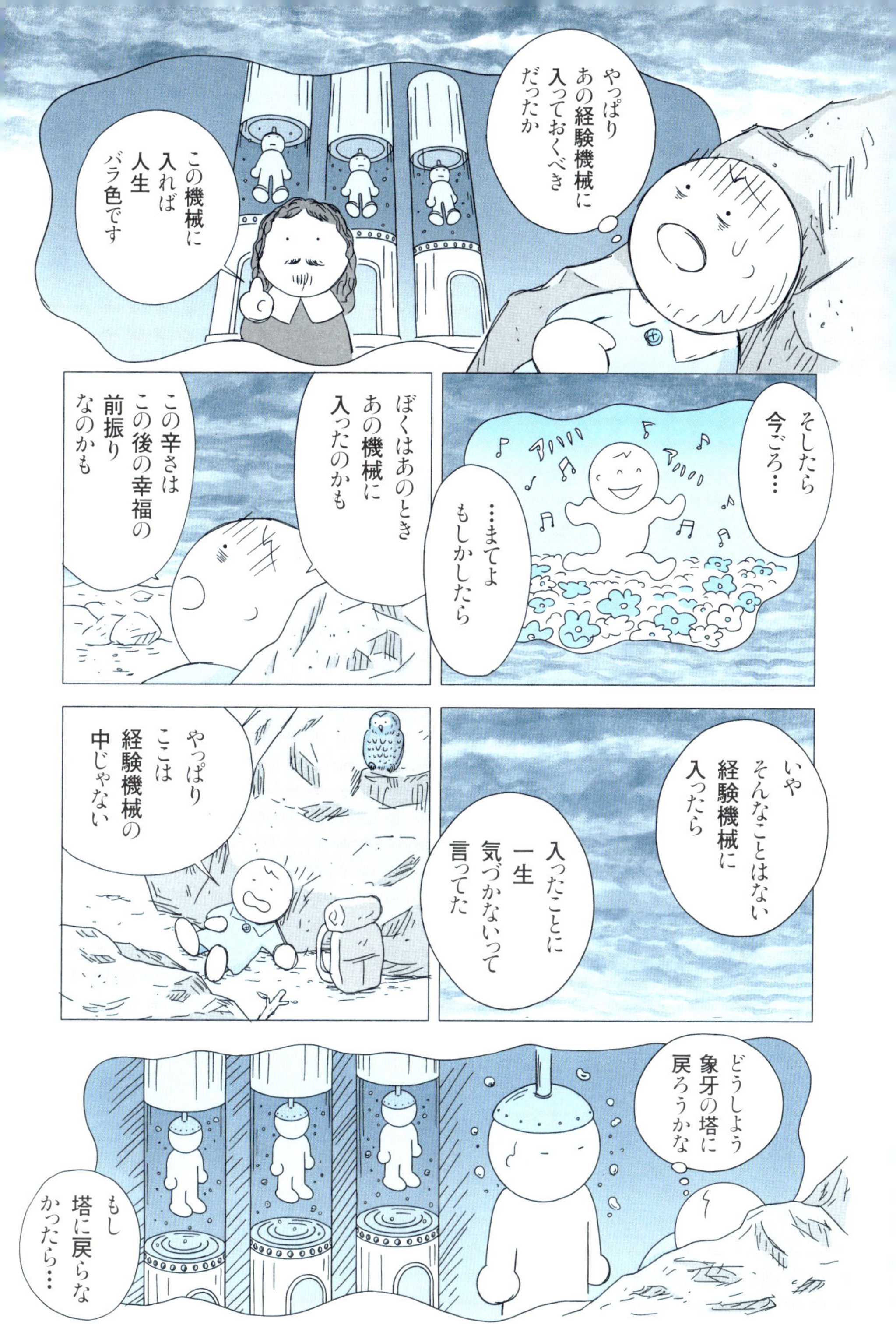
やっぱり あの経験機械に 入っておくべき だったか
この機械に 入れば 人生 バラ色です
そしたら 今ごろ…
…まてよ もしかしたら
ぼくはあのとき あの機械に 入ったのかも
この辛さは この後の幸福の 前振り なのかも
いや そんなことはない 経験機械に 入ったら
入ったことに 一生 気づかないって 言ってた
やっぱり ここは 経験機械の 中じゃない
どうしよう 象牙の塔に 戻ろうかな
もし 塔に戻らな かったら…

企画室
NICE!
Good!
気をつけて下さい
アリガトウ
おとすよ〜
ほいきた
現実の世界か・・・
ウィーッス
まだまだ飲むぞ
よくきてくれたね
あのときはみんな応援してくれたな…
ガンバレー
ガンバレ
ガンバレー
昔から足遅かったからな〜
ふふふ
ガンバレー
ガンバレー
最後まで走れ
さてと
よっこいしょっと
パ
バザッ
そろそろ行くかな

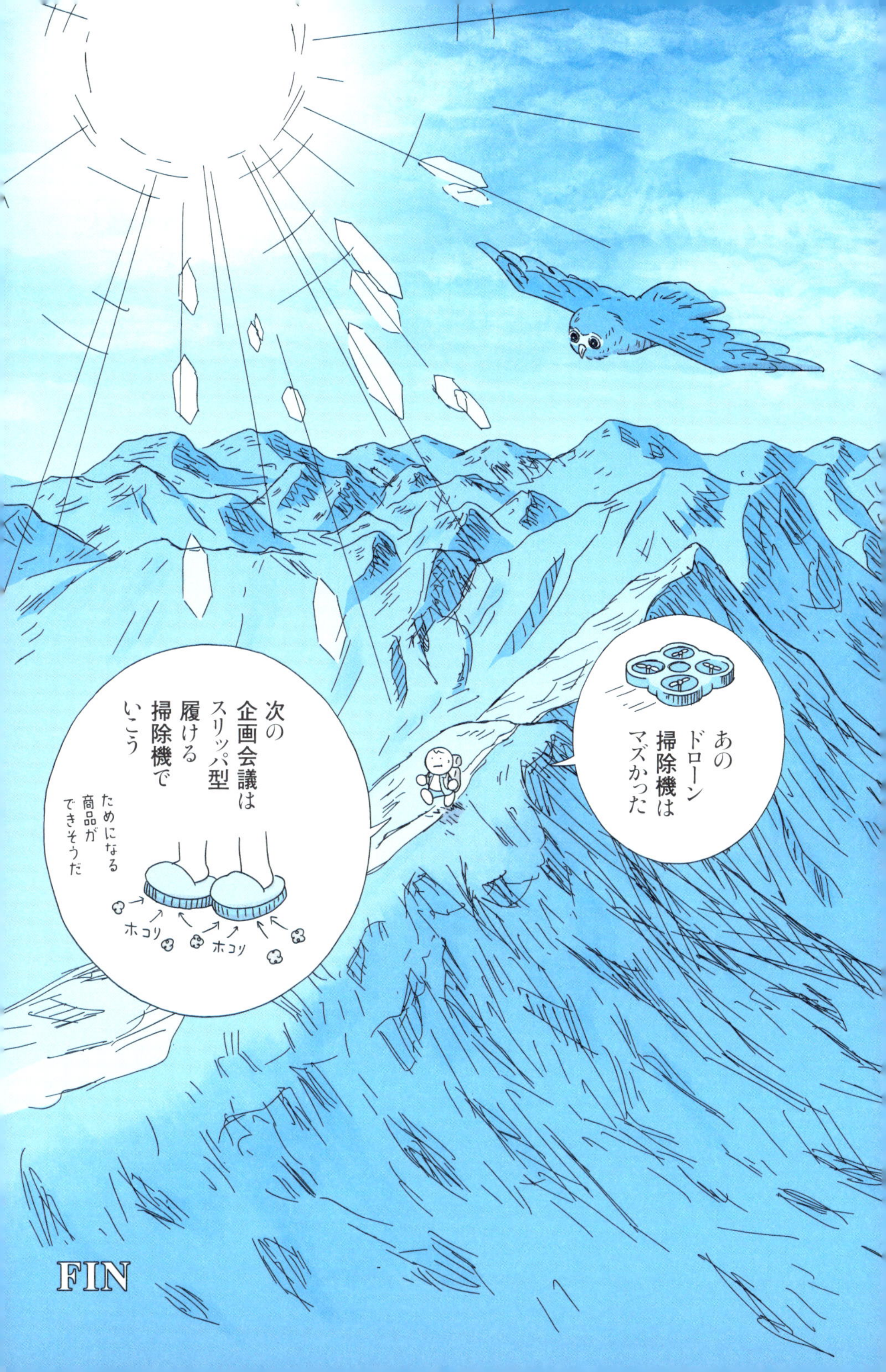

あの
ドローン
掃除機は
マズかった
次の
企画会議は
スリッパ型
履ける
掃除機で
いこう
ためになる
商品が
できそうだ
ホコリ
ホコリ
FIN

この物語は
フィクションです。
実在の人物や
団体等とは
関係ありません。

【参考文献】

『方法序説』デカルト著 谷川多佳子訳 岩波文庫
『国家 上／下』プラトン著 藤沢令夫訳 岩波文庫
『ソクラテスの弁明』プラトン著 納富信留訳 光文社古典新訳文庫
『エチカ―倫理学 上／下』スピノザ著 畠中尚志訳 岩波文庫
『哲学入門』バートランド・ラッセル著 高村夏輝訳 ちくま学芸文庫
『哲学入門』ヤスパース著 草薙正夫訳 新潮文庫
『アナーキー・国家・ユートピア』ロバート・ノージック著 嶋津格訳 木鐸社
『善の研究』西田幾多郎著 小坂国継全注釈 講談社学術文庫
『ラカンはこう読め！』スラヴォイ・ジジェク著 鈴木晶訳 紀伊國屋書店
『カント』坂部恵著 講談社学術文庫
『図鑑 世界の哲学者』サイモン・ブラックバーン監修
熊野純彦日本語版監修 東京書籍
『はじめてのスピノザ 自由へのエチカ』國分功一郎著 講談社現代新書
『現象学入門』竹田青嗣著 NHK出版
『西田幾多郎の思想』小坂国継著 講談社学術文庫
『概説中国思想史』湯浅邦弘編著 ミネルヴァ書房
『諸子百家』浅野裕一著 講談社学術文庫
『岩波講座 哲学〈2〉形而上学の現在』
飯田隆 中畑正志 野家啓一 村田純一 伊藤邦武 井上達夫 川本隆史 熊野純彦
篠原資明 清水哲郎 末木文美士 中岡成文 編 岩波書店
『図説・標準 哲学史』貫成人著 新書館
『哲学大図鑑』ウィル・バッキンガムほか著 小須田健訳 三省堂
『100の思考実験』ジュリアン・バジーニ著 向井和美訳 紀伊國屋書店
『天才たちの日課』メイソン・カリー著 金原瑞人／石田文子訳 フィルムアート社
『日本のシン富裕層』大森健史著 朝日新書
『倫理用語集』濱井修監修 小寺聡編 山川出版社
『高等学校公民科倫理教科書』東京書籍／山川出版社／数研出版
『哲学用語図鑑』『続・哲学用語図鑑』田中正人著 斎藤哲也編・監修 プレジデント社
『社会学用語図鑑』田中正人編著 香月孝史著 プレジデント社
『図解 心理学用語大全』田中正人編著 齊藤勇監修 誠文堂新光社

みんちりえ (https://min-chi.material.jp/)

【著　者】
田中 正人（たなか・まさと）
1970年、東京生まれ。ロンドン芸術大学ロンドン・カレッジ・オブ・コミュニケーション卒業。MORNING GARDEN INC. において、グラフィックをメインとした書籍の執筆・編集・製作を行う。著書・編著書に『哲学用語図鑑』（斎藤哲也編集・監修／プレジデント社）、『続・哲学用語図鑑』（斎藤哲也編集・監修／プレジデント社）、『社会学用語図鑑』（香月孝史共著／プレジデント社）、『図解 心理学用語大全』（齊藤勇監修／誠文堂新光社）などがある。2011 年グッドデザイン賞受賞。

【イラストレーション】
玉井麻由子（MORNING GARDEN INC.）
田中正人（MORNING GARDEN INC.）
協力：井原清人

ブックデザイン：田中正人（MORNING GARDEN INC.）

哲学者《てつがくしゃ》と象牙《ぞうげ》の塔《とう》

2024年12月18日　第1刷発行

著　者　田中正人《たなかまさと》
発行者　篠木和久
発行所　株式会社 講談社
〒112-8001　東京都文京区音羽2-12-21
電話 編集　03-5395-3907
販売　03-5395-5817
業務　03-5395-3615
印刷所　TOPPAN株式会社
製本所　株式会社国宝社

KODANSHA

Ⓡ〈日本複製権センター委託出版物〉ISBN978-4-06-537496-2